낭송

연산군일기

낭송Q시리즈 조선왕조실록편 **낭송 연산군일기**

발행일 초판1쇄 2024년 4월 25일(甲辰年 戊辰月 己未日) | **풀어 읽은이** 김석연
펴낸곳 북드라망 | **펴낸이** 김현경 | **주소** 서울시 종로구 사직로8길 24 1221호(내수동, 경희궁의아침 2단지) |
전화 02-739-9918 | **이메일** bookdramang@gmail.com

ISBN 979-11-92128-47-4 04910 979-11-86851-62-3(세트)

燕山君日記

낭송
Q
시리즈

조선왕조실록편
06

낭송
연산군일기

김석연
풀어
읽음

티

▶낭송Q시리즈 조선왕조실록편 『낭송 연산군일기』 사용설명서◀

1. '낭송Q'시리즈의 '낭송Q'는 '낭송의 달인 호모 큐라스'의 약자입니다. '큐라스'(curas)는 '케어'(care)의 어원인 라틴어로 배려, 보살핌, 관리, 집필, 치유 등의 뜻이 있습니다. '호모 큐라스'는 고전평론가 고미숙이 만든 조어로, 자기배려를 하는 사람, 즉 자신의 욕망과 호흡의 불균형을 조절하는 능력을 지닌 사람을 뜻하며, 낭송의 달인이 호모 큐라스인 까닭은 고전을 낭송함으로써 내 몸과 우주가 감응하게 하는 것이야말로 최고의 양생법이자, 자기배려이기 때문입니다(낭송의 인문학적 배경에 대해 더 궁금하신 분들은 고미숙의 『낭송의 달인 호모 큐라스』를 참고해 주십시오).

2. 낭송Q시리즈는 '낭송'을 위한 책입니다. 따라서 이 책은 꼭 소리 내어 읽어 주시고, 나아가 짧은 구절이라도 암송해 보실 때 더욱 빛을 발합니다. 머리와 입이 하나가 되어 책이 없어도 내 몸 안에서 소리가 흘러나오는 것, 그것이 바로 낭송입니다. 이를 위해 낭송Q시리즈의 책들은 모두 수십 개의 짧은 장들로 이루어져 있습니다. 암송에 도전해 볼 수 있는 분량들로 나누어 각 고전의 맛을 머리로, 몸으로 느낄 수 있도록 각 책의 '풀어 읽은이'들이 고심했습니다.

3. 최고의 양생법이자 새로운 독서법으로서의 '낭송'을 처음 세상에 알린 **낭송Q시리즈의 시즌 1**은 **동청룡 · 남주작 · 서백호 · 북현무편**으로 이루어져 있으며, 사계절의 기운을 담고 있는 것을 특징으로 합니다. 동청룡편에는 봄의 창조적 기운, 남주작편에는 여름의 발산력과 화려함, 서백호편에는 가을의 결단력, 북현무편에는 지혜와 상상력을 키울 수 있는 고요함을 품은 고전들이 속해 있습니다. 각 편 서두에는 판소리계 소설을, 마무리에는 네 편으로 나눈 『동의보감』을 하나씩 넣었고, 그 사이에 유교와 불교의 경전, 동아시아 최고의 명문장들을 배열했습니다.

▷ 동청룡: 『낭송 춘향전』, 『낭송 논어/맹자』, 『낭송 아함경』, 『낭송 열자』, 『낭송 열하일기』, 『낭송 전습록』, 『낭송 동의보감 내경편』

▷ 남주작: 『낭송 변강쇠가/적벽가』, 『낭송 금강경 외』, 『낭송 삼국지』, 『낭송 장자』, 『낭송 주자어류』, 『낭송 홍루몽』, 『낭송 동의보감 외형편』

▷ 서백호 : 『낭송 흥보전』, 『낭송 서유기』, 『낭송 선어록』, 『낭송 손자병법/오자병법』, 『낭송 이옥』, 『낭송 한비자』, 『낭송 동의보감 잡병편 (1)』

▷ 북현무 : 『낭송 토끼전/심청전』, 『낭송 도덕경/계사전』, 『낭송 대승기신론』, 『낭송 동의수세보원』, 『낭송 사기열전』, 『낭송 18세기 소품문』, 『낭송 동의보감 잡병편 (2)』

4. **낭송Q시리즈 시즌 2**는 고전과 몸 그리고 일상이 조화를 이루는 훈련으로서의 낭송에 초점을 맞추었습니다. **샛별편**에는 전통시대의 초학자들이 제일 먼저 배우며 가장 오래도록 몸과 마음에 새겨 놓은 고전을 담았고, **원문으로 읽는 디딤돌편**은 몸으로 원문의 리듬을 익혀 동양 고전과 자유자재로 접속할 수 있는 힘을 키울 수 있도록 했습니다. 또 **민담·설화편**은 입에서 입으로 전해지는 낭송의 진수를 보여 주는 우리나라 각 지역의 옛날이야기들을 모았으며, **여행기편**은 근대 이전 여행의 기록들을 낭송에 맞게 새롭게 엮었습니다.

▷ 샛별편: 『낭송 천자문/추구』, 『낭송 명심보감』, 『낭송 격몽요결』, 『낭송 사자소학』

▷ 원문으로 읽는 디딤돌편: 『낭송 대학/중용』, 『낭송 주역』, 『낭송 논어』

▷ 민담·설화편: 『낭송 강원도의 옛이야기』, 『낭송 경기도의 옛이야기』, 『낭송 경상북도의 옛이야기』, 『낭송 경상남도의 옛이야기』, 『낭송 서울북부 및 인천의 옛이야기』, 『낭송 전라남도의 옛이야기』, 『낭송 전라북도의 옛이야기』, 『낭송 제주도의 옛이야기』, 『낭송 충청남도의 옛이야기』, 『낭송 충청북도의 옛이야기』

▷ 여행기편: 『낭송 18세기 연행록』, 『낭송 19세기 연행록』

5. 낭송Q시리즈 조선왕조실록편은 조선 태조로부터 철종에 이르기까지 25대 472년간의 역사를 연월일 순서에 따라 편년체로 기록한 조선왕조실록을 낭송에 맞게 새롭게 엮었습니다. 낭송을 통해 역사 속 인물과 당대의 일상이 생생하게 살아 있는 역사 현장을 경험하게 되었으면 하는 바람을 조선왕조실록편에 담았습니다.

6. 낭송Q시리즈 조선왕조실록편인 이 책 『낭송 연산군일기』는 조선의 10대왕 연산군이 재위한 1494년 12월부터 1506년 9월까지의 국정 전반에 관한 역사가 담긴 『연산군일기』를 풀어 읽은이가 그 편제를 새롭게 해서 각색하고 엮은 것입니다.

차례

朝鮮王朝實錄

燕山君日記

三 · 할아버지가 몰고 온 피바람, 무오사화

四 · 갑자사화 1 — 지옥문을 연 연산

五 · 갑자사화 2 — 폭주하는 연산

六 · 감각과 쾌락의 제국

朝鮮王朝實錄

七 · 공포정치 그리고 폐위

八 · 연산군의 시대를 산 사람들

燕山君日記

머리말

『낭송 연산군일기』 — 경계로서의 역사

1. 나는 왜 『연산군일기』을 선택했을까?

'『조선왕조실록』 세미나'에 참여한 지 10년째다. 한 기록물을 10년째 읽고 있다는 것을 알게 되면 사람들은 열이면 열 놀라며 어떻게 그게 가능하냐고 묻는다. 그때마다 나는 아주 당당하게 말한다. '항심'恒心을 잃지 않은 도반들이 함께해 준 덕분이라고. 고개를 끄덕이는 이들에게 남은 실록을 다 읽으려면 향후 10년은 더 필요하다고 하면 다들 입을 다물지 못하며 묻는다. 도대체 왜 실록을 읽느냐고.

우리는, 아니 나는 왜 실록 읽기를 멈추지 않는 것일까? 그건 실록이라는 1차 사료가 주는 '날것의 맛' 때문이다. 가공되지 않은 원초적인 맛, 그 맛은 나를 새로운 세계에 밀어 넣곤 한다. 그럴 때면 내가 사는 이 세계와 수백 년 전 그들의 세계가 중첩되어 돌아가고 있다는 생각이 든다. 시공을 초월한 느낌이랄까. 이런 낯선 경험을 통해 나는 역사 속 인물들과 새롭게 만난다. 나라를 건국했으나 사랑하는 가족을 잃은 태조, 주도면밀하게 왕권을 강화한 태종, 왕위에 있는 동안 매일 똑같은 열정과 태도로 정사를 본 세종, 병약하기는커녕 즉위와 동시에 조정을 장악한 카리스마 왕 문종, 어리지만 자기 사람을 살리려고 끝까지 애쓴 단종, 성리학을 표방하는 조선에서 대놓고 불교를 지지했던 배짱 좋은 세조, 잘난 아버지 때문에 불안해했던 예종, 자신이 키운 대간의 잔소리에 나중엔 갖은 신경질을 부린 성종까지. 역대 왕들의 새로운 모습을 하나씩 발견하는 것은 내게 도장 깨기 같은 즐거움을 주었다. 그렇게 연산군에 이르렀다.

『연산군일기』를 읽기 전 나의 호기심을 자극한 것은 연산군 융㦕이 조선의 10대 왕으로 12년이나 왕위에 있었다는 사실이다. 우리에게 '연산군' 하면 떠오르는 것은 연산군을 쥐락펴락해서 파멸로 이끈 장녹수, 갑자사화의 원인이 된 연산군의 생모 폐비 윤씨의 죽음, 모성 결핍, 아버지에 대한 분노, 무오사화, 갑자사화, 흥청망청, 호색광, 큰어머니와의 간통, 패륜아, 폭군 등… 부정적인 것뿐이다. 오죽했으면 자기 신하의 손에 의해 폐위됐겠는가. 이런 사람이 12년이나 왕위에 있었다니. 어떻게 이럴 수 있지? 당연히 의문이 들었다. 그리고 『연산군일기』의 시작인 총서를 보면 의문은 더 커진다. 연산군은 어려서부터 공부하기를 싫어했고, 누가 공부하라고 말하면 그 사람을 몹시 못마땅해했단다. 즉위 후에는 궁 안에서의 행실이 좋지 않았지만 백성들은 이런 사실을 몰랐을 뿐이고, 말년에는 주색에 빠져서 인간의 도리도 팽개쳤단다. 이게 끝이 아니다. 그의 포학함은 극에 달해서 갑자사화 때 신하를 거의 다 죽였는데 그 방법이 참으로 극악무도했다. 사람을 불로 지지고, 가슴을 쪼개고, 뼈의 마디마디를 끊고, 백골마저 부숴서 바람에 날려 버리고…. 이 몇 줄의 내용만으로도 연산군이 얼마나 잔인하고 난폭한 인간인지 알 수 있다. 마지막 폐위 기사는 더 가관이다. 총서 내용이 모두 사실임을 증명하듯 조목조목

길게 풀어 설명하며 연산군이 폐위되는 게 얼마나 마땅한지 알려 주고 있다.

그런데 폐위 기사를 읽다가 한 대목이 눈에 들어왔다. 일찍이 성종은 연산군을 폐세자하려고 했는데, 진성대군(중종)은 어린 데다 다른 적자도 없고, 또 어리고 약하고 의지할 곳 없는 연산군의 꼴이 불쌍하여 차마 폐세자하지 못했다는 것이다. 불쌍해서 왕위를 물려줬다니? 나라와 백성은 어떡하라고? 물론 이는 말도 안 되는 소리다. 만약 연산군이 어려서부터 문제가 많은 인물이었다면 『성종실록』에 언급되었을 테니까. 그런데 그런 내용은 없다. 이뿐이 아니다. 『연산군일기』를 읽어 보면 알겠지만, 갑자사화 전까지 연산군은 특별한 문제를 일으키지 않았다. 이 지점에서 나는 또 다른 의문이 생겼다. 세자 시절을 포함해서 20년간 별 문제 없었던 연산군이 도대체 왜, 갑작스럽게 폭군으로 변한 것일까? 낭송집을 준비하며 답을 찾고 싶었다.

2. 공포로 자신을 몰락시킨 집요한 왕, 연산군

영화와 드라마 그리고 소설을 통해 우리가 가지고 있는 연산군의 이미지는 결핍감에 찌든 폭군 그 이상도 이하도 아니다. 하지만 연산군은 갑자사화가 일어나기 전까지 10년간 지극히 평범한 왕이었다. 기존에 알려진 이미지가 워낙 강렬해서 평범함이 되레 특별하게 여겨질 정도다. 물론 연산군은 절대 평범할 수 없는 인물이다. 연산군의 어머니 폐비 윤씨는 남편의 명에 의해 폐서인(성종 10)되고 사사(성종 13)되었다. 해서 연산군은 왕의 아들이지만 죄인의 아들이라는 태생적 결함을 안고 왕위에 오를 수밖에 없었다. 연산군이 이걸 몰랐겠는가. 실록에서는 연산군이 왕위에 오른 직후 성종의 묘지문을 보고서야 어머니가 죄인으로 죽은 것을 알았다고 한다. 하지만 발 없는 말이 천 리 간다고, 즉위해서야 어머니 일을 알았다는 건 무리가 있어 보인다. 왜냐면 연산군은 세자로 책봉되기 전에 강희맹과 영응대군永膺大君 이염의 집에서 키워졌고, 폐비 윤씨는 사가에서 사사되었다. 소문이 안 날 수 없고, 소문은 연산군의 귀에도 들어갔을 것이다. 그 예로 연산 3년 12월 16일 기사를 보면, 연산군이 어우동의 시詩가 보고 싶다며 어우동이 간통 재판을 받았던 당시의 추안을 가져오라고 한다. 이에 승지가 누가 이런 추잡한 일을 알려 줬냐고 묻자, 연산군이 "나는 성종조 때에 이미 이 일을 알았다"라고 말한다. 어우동은 폐비 윤씨보다 2년 앞서서 성종 11년(1480)에 강상죄로 교형을 당했다. 이러니 연산군이 세간에 떠도는 폐비 윤씨의 사망 이야기를 몰랐겠는가. 물론 중요한 것은 연산군이 모후의 죽음을 언제 알았는지가 아니다. 죄인의 아들이라는 사실이 연산군에게 결함 요인으로 작동했고, 자신의 정치적 입지를 공고히 하기 위해서라도 모후를 추존할 필요가 있다고 본 것이다.

연산군은 즉위 1년부터 모후의 사당을 짓고, 묘를 옮겼을 뿐 아니라 어머니를 다시 왕후로 추존하려고 했다. 하지만 선왕의 유업을 지키라는 대간의 강력한 반대에 부딪혀 뜻을 이루지 못한다. 아버지가 남긴 유업이란, 어미 잃은 세자가 측은해서 폐비의 묘에 제사 지내는 것만 허락하며, 이 법을 자신이 죽은 뒤에도 영원토록 고치지 말라는 것이다. 성종은 죄인이 제사라도 받게 된 걸 다행으로 여기라며 추존은 불가하다(성종 20년 5월 16일)고 못박았다. 해서 연산군에게 모후의 추존은 부왕의 명에 반기를 드는 것과 같았다. 물론 아버지의 유업 때문에 이를 포기할 연산군이 아니었다. 죄인의 아들이라는 꼬리표를 떼 버려야 자신이 정치적으로 무결점의 왕이 될 수 있다고 생각했으니까.

열여덟 살의 어린 나이에 즉위한 연산군의 눈에 커질 대로 커진 대간 세력은 기울어진 추처럼 보였다. 해서 즉위 직후부터 대간과 마찰이 생길 때마다 "임금이 어리다고 무시하는 것인가?"라는 말을 입에 달고 산다. 여기서 포인트는 '무시'다. 자신이 죄인의 자식이라서 무시당한다는 피해의식이 연산군의 가슴에 차곡차곡 쌓여 간다. 예민한 감각의 소유자로, 감성이 풍부해서 예술가적 기질이 다분했던 연산군은 그 때문인지 지독히도 집요한 구석이 있었는데, 이런 성정이 그의 피해의식을 더 키우지 않았을까 싶다.

연산 4년 무오년, 김일손의 사초 때문에 조정에는 파란이 인다. 그 중심에 김일손의 스승 김종직이 지은 「조의제문」弔義帝文이 있었다. 「조의제문」은 김종직이 항우한테 왕위를 빼앗기고 죽임 당한 초 회왕(의제)을 조문한다는 내용이다. 그런데 연산군은 이 내용을 세조의 계유정난을 비난한 것으로 보았다. 왜냐면 김일손이 김종직이 충의로 인해 일어난 분한 마음에 제문을 지었다고 자백했기 때문이다. 또한 김일손의 사초에는 「조의제문」만 실려 있지 않았다. 계유정난 때 세조 손에 죽은 황보인과 김종서, 정분을 절개를 지킨 충성스러운 신하로, 사육신의 일화도 긍정적으로 기록했다. 단종의 어머니 현덕왕후 권씨의 능도 복원해야 한다고 피력했다. 거기다 세조가 죽은 아들 의경세자(성종의 아버지)의 후실인 윤씨와 권귀인을 탐했다고도 했다. 일개 선비가 자기 문집에 남겨도 문제가 될 내용인데, 조정의 관리가 세조의 정통성을 비판하고 욕된 내용을 사초에 남겼으니. 이는 세조의 후손이라면 누구도 묵과할 수 없는 일이었다. 난리가 날 것은 자명했다. 그런데 여기서 중요한 것은 이 사건을 통해 연산군이 중요한 사실 하나를 깨달았다는 것이다. 신하가 임금을 능멸한 죄, 이것만큼 임금에게 유리한 패가 없다는 것이다.

그리고 연산군 10년, 갑자사화가 일어난다. 사건의 발단은 예조 판서 이세좌李世佐가 임금의 하사주를 임금의 옷에다 쏟은 것에서 시작된다. 술 좀 쏟았다고 백 명이 넘는 사람을 죽였다니, 이게 말이 되는가? 물론 일이 커진 이유는 다른 데 있었다. 이세좌의 무례를 알고도 신료 중 어느 한 사람 그를 탄핵하지 않았다. 거기다 신료들이 하나같이 이세좌의 편을 들며 변명하니, 연산군의 눈에는 임금의 권위가 땅에 떨어진 것으로 보였고, 이를 회복할 특단의 조치가 필요하다고 생각했다. 그런 차에 홍귀달洪貴達이 손녀의 입궁을 단호히 거절하자, 연산군은 모후 사건을 꺼내들고 내명부부터 시작해서 피비린내 나는 숙청을 시작한다. 왕후를 참소해서 죽인 죄, 왕후가 쫓겨나고 죽임당하는 것을 신하들이 극렬히 막지 않은 죄… 이것이야말로 위를 능멸한 죄라며 신하들을 무자비하게 처단한다.

이렇듯 갑자사화는 우연한 일에서 시작했지만, 연산군이 즉위 초부터 느꼈던, 신료들이 자신을 무시한다는 감정이 쌓이고 쌓여 건잡을 수 없는 속도로 터진 것이었다. 앞서 말했듯이 연산군은 지독히도 집요한 성격의 소유자다. 그 집요함을 보여 주는 예가 있는데, 갑자사화 때 귀양 가는 이세좌가 무엇을 입었는지, 목매고 죽을 때의 표정은 어땠는지를 꼬치꼬치 캐묻고, 죽음 앞에서 이세좌가 눈물을 보이지 않았다는 보고에, 이는 그가 죽을 때 분한 마음을 품고 위를 능멸한 것이라고 말할 정도다. 이런 사람이 자신의 정치적 입지와 관련 있는 폐비 문제를 그냥 넘기겠는가.

이제 죽음의 공포만이 가득한 조정에서 연산군은 폐비의 추존을 일사천리로 밀어붙인다. 그리고 자신의 말에 무조건 "지당하십니다"라는 말만 외치는 신하들을 보며 연산군은 이제야 태평성대를 이뤘다고 자찬한다. 문제는 이다음이다. 왜 권력을 차지하려고 한 것인지, 움켜쥔 권력을 백성을 위해 어떻게 쓸 것인지, 조선이라는 나라를 어떻게 만들겠다는 건지…, 권력 자체에 매몰된 연산군에게는 비전이 전무했다. 나라는 임금 혼자 다스릴 수 있는 게 아니다. 임금과 신하가 살아 있는 하나의 유기체처럼 함께 움직여야 한다. 하지만 연산군에게는 이럴 마음이 전혀 없었다. 임금은 구중궁궐에 있기에 신하는 임금의 눈·귀·입·손발과 같고, 능력 있는 임금일수록 신하들을 효율적으로 활용한다. 그런 면에서 연산군은 무능했고, 공포의 칼끝이 돌고 돌아 자신을 파멸시킬 것을 알지 못했다. 그렇게 연산군은 자신만이 유일한 주인인 세상을 구축하고 그 세계에 갇혀 버렸다.

연산군은 자기만의 세계에서 자신의 쾌락을 위해서만 막강한 권력을 썼다. 보고 싶은 것만 보고, 듣고 싶은 것만 듣고, 말하고 싶은 대로 말하고. 이성과 감각의 균형을 상실한 총체적 난국의 상태가 된 것이다. 이렇듯 경계를 잃은 폭압 상태에서 반정反正은 언제 일어나도 이상하지 않았다. 결국 반정이 일어났고, 연산군은 반정군에게 저항 한번 제대로 하지 못하고 쫓겨난다. 하룻밤 사이에 세상이 뒤바뀌고 중종반정은 아주 싱겁게 끝난다.

연산군은 사람을 죽일 때마다 후세인에게 이를 경계로 삼아 말과 행동을 조심하라고 경고한다. 그런데 아이러니하게도 반정 이후 조선의 왕들은 연산군처럼 신하 손에 쫓겨나는 불명예를 안지 않기 위해 연산군을 경계로 삼았다. 이것이 역사가 가지는 힘이 아닐까.

3. 『낭송 연산군일기』의 구성

『연산군일기』(정족산본)는 연산군의 재위 기간인 1494년 12월 25일에서 1506년 9월 2일까지 11년 10개월간의 국정 전반에 관한 역사를 다루고 있으며, 63권 46책으로 이루어졌다. 연산군은 폐위된 왕이어서 『선원계보기략』璿源系譜紀略: 조선 왕실의 족보에 묘호와 능호 없이 왕자의 신분으로 기록되었고, 재위 기간의 실록은 『연산군일기』로 통칭된다.

연산군 사망 직후 일기청이 설치되고 『연산군일기』의 편찬이 시작되었다. 처음에는 감춘추관사監春秋館事: 정사를 기록하던 춘추관에 설치된 관직으로, 대개 정1품의 시중 혹은 좌·우의정이 겸임함로 대제학 김감金勘이 임명되어 편찬을 총괄했다. 그러다 다음 해 1월 반정 공신 암살 사건에 김감이 연루되어 편찬 작업이 일시 중단됐다. 이후 대제학 신용개申用漑가 감춘추관사로 임명되어 편찬이 재개되나, 3개월 후에 편찬의 공정성을 위해 연산군 때 총애받은 인물은 교체해야 한다는 의정부의 건의로 편찬관이 교체됐다. 편찬 책임자로서 총재관 성희안成希顔 이하 도청당상都廳堂上 두 명, 각방당상各房堂上 네 명, 색승지色承旨 한 명이 다시 임명되어 본격적으로 편찬이 이루어졌다. 『연산군일기』는 1509년(중종 4) 9월에 완성되었고, 간략하게 실록 봉안奉安 의식을 한 후 외사고外史庫에 봉안되었다. 봉안과 관리에 있어서 일기는 실록과 차별이 있지만, 내용 및 체재는 차이가 없다. 『연산군일기』는 보통 한 권에 1~2개월분이 수록됐는데, 간혹 한 권에 6~7개월분이 수록된 것도 있다. 『연산군일기』의 편찬 방식은 후에 『광해군일기』 편찬 때 규범이 되었다.

『연산군일기』에는 편찬자 명단*이 없다. 하지만 당시 기사관인 권벌權橃이 보관한 『연산군일기세초지도』燕山君日記洗草之圖**에 편찬자에 대한 기록이 남아 있다. 감춘추관사는 성희안, 지춘추관사는 성세명·신용개 등 여섯 명이고 동지춘추관사는 조계상·이유청 등 여덟 명이다. 성희안은 중종반정의 1등 공신이고, 나머지 편찬자 대다수도 반정 공신이라 사료의 신빙성과 편향성에 문제가 있어 보인다. 특히 갑자사화 이후 연산군의 폭정을 과장해서 썼고, 기행을 중복해서 쓴 기사 역시 여러 개 있다.

재위 12년 중 10년간의 연산군은 명군은 아니지만 그렇다고 폭군도 아니었다. 연산군은 성종의 적장자로 여덟 살에 세자가 된 후 성심을 다해 세자 교육을 받았고, 즉위해서는 하늘의 견책에 두려운 마음을 가지고 백성을 걱정하며 정사에 임한 왕이다. 따라서 1부는 연산군의 세자 시절부터 갑자사화 전까지 20년 동

* 17대 『효종실록』까지는 편찬자 명단이 있다.

** 중종 4년(1509) 9월에 제작되어 충재(冲齋) 권벌(權橃)이 승정원 주서로서 춘추관 기주관(春秋館記注官)을 겸하고 있을 때 받아서 안동 권씨 가문에 둔 것이다.

안 평범한 왕의 모습이 보이는 기사들로 묶었다.

연산군이 시종일관한 것 중 하나가 가족을 생각하는 마음이다. 아버지(성종)의 전철을 밟지 않으려는 듯 연산군은 중전 신씨를 크게 믿었고, 신씨가 낳은 아들과 딸을 특별히 아꼈다. 2부는 연산군이 10년에 걸쳐 어머니의 명예를 되찾으려고 했던 과정과 가족을 챙기고 27명이나 되는 형제자매들을 혼인시키느라 허리가 휘는 등, 가족과 왕실을 생각하는 연산군의 마음이 잘 드러나는 기사들로 묶었다.

3부는 무오사화를 다루었다. 김일손은 세조가 어린 조카(단종)에게 선위를 받아 낸 것을 왕위 찬탈로 보았다. 그래서 스승인 김종직이 항우가 초나라 회왕(의제)한테서 왕위를 빼앗고 죽인 것을 계유정란에 빗대어 「조의제문」을 지었다고 보고, 이를 사초에 기록한다. 『성종실록』을 편찬하던 중 이를 보고받은 연산군은 할아버지(증조부)를 비난하는 김종직과 그의 제자들을 반역죄로 처단한다. 이러한 일련의 과정을 통해 정국이 어떻게 변화되는지 그 긴박한 상황이 잘 드러나는 기사들로 묶었다.

4부는 갑자사화의 주 요인인 이세좌와 홍귀달 사건을 다루었다. 이세좌가 임금이 내린 술을 마시기 싫어서 일부러 엎질렀다고 주장하는 연산군과 엎지른 줄도 몰랐다는 이세좌. 별것 아닌 것처럼 보이는 이 일은 조용히 끝날 기미가 안 보였다. 연산군은 신료들이 임금인 자신보다 권세가 집안인 이세좌의 편을 든다는 점을 문제시한다. 여기에 기름을 붓듯 홍귀달은 손녀를 입궐시키라는 연산군의 명을 단번에 거부한다. 결국 연산군은 대노하고 상황은 걷잡을 수 없이 커지며 조정은 피바다가 된다. 이런 변곡점들이 잘 드러나는 기사들로 묶었다.

연산군은 즉위 직후부터 모후인 폐비 윤씨의 신분을 회복시키려고 했다. 하지만 선왕의 유업이라며 반대하는 신하들 때문에 즉위 10년이 지나서야 뜻을 이룰 수 있었다. 어머니 폐비 윤씨의 사사 건을 꺼내든 것이다. 폐비에게 사사의 명이 내려졌을 때, 종묘사직을 생각하는 충성스러운 신하라면 죽음을 불사하고 이를 막았어야 했는데 자기 몸만 사렸다면서 잔인하게 숙청한다. 죽음의 공포로 신하들을 제압한 연산군은 위를 능멸한다는 죄명으로 생사여탈권을 휘두르며 신하들을 빠르게 무력화하고 길들인다. 5부는 이러한 지점이 잘 드러나는 기사들로 묶었다.

연산군은 시와 음악, 춤과 공예 등 다방면에 관심이 많다. 갑자사화 이전에는 승지들에게 자신의 힘든 심정을 시로 토로하기도 하고, 음식과 꽃을 심은 화분을 내려 주며 일에 지친 승지들을 시로 위로하는 등 다정한 모습도 보인다. 해서 6부에서는 연산군의 예민한 예술가적 면모와 연산군이 흥청으로 대표되는 음악 집단을 왜 만들었고, 어떻게 양성했는지, 감시와 처벌 속 그들의 숨막히는 일상이 잘 드러나는 기사들로 묶었다.

연산군은 죽음의 공포로 조정을 장악하고 순식간에 절대 권력을 움켜쥔다. 조선 팔도는 임금의 땅이 아닌 곳이 없고, 조선의 백성 중 임금의 것이 아닌 게 없다고 주장하는 연산군. 권력에 취한 연산군은 광기의 화신이 된다. 그리고 희대의 폭정으로 백성들의 삶을 피폐하게 만든다. 7부는 갑자사화부터 폐위까지 2년간 조선을 뒤덮은 죽음의 공포와 혼란, 인가 철거와 금표 때문에 길로 내쫓긴 백성들의 고달픈 삶, 결국에는 최측근의 배신으로 왕좌에서 쫓겨난 연산군의 마지막까지, 그 혼란상이 잘 드러나는 기사들로 묶었다.

폭군이 되기 전 연산군에게 충언을 아끼지 않았던 신하 노사신, 간언하다 죽은 환관 김처선, 시대의 간신 임사홍 부자, 기회다 싶으면 누구보다 앞장서는 유자광, 반정의 진정한 원인 명사수 이장곤, 도적 홍길동, 연산군의 총애를 받은 장녹수 등, 연산군의 시대를 살아간 이들의 면면이 드러나는 기사들로 8부를 묶었다.

* * *

폭군의 대명사 연산군, 그에 대한 기록 『연산군일기』를 낭송집으로 풀어 내는 게 의미가 있을까? 핏빛이 가득한 실록 내용을 낭송하는 게 의미가 있을까? 『연산군일기』를 『낭송 연산군일기』로 풀어 내며 늘 고민스러웠다. 또한 연산군이 '흑화'되기 전 10년간의 모습에 내가 너무 큰 의미를 부여하는 건 아닌지, 조심스럽기도 했다. 지극히 평범한 모습이라 다른 왕이었다면 그러려니 하고 지나쳐 버릴 내용들도 있었으니까. 하지만 뛰어난 왕은 아니지만 폭군도 아니었던 그 시절에 훗날 '흑화'할 단초가 있기에 과감히 가져왔다. 평범했던 사람이 왜 갑자기 광인이 된 것인지, 독자들이 의문을 가지고 봐 주길 바라면서.

이런 연산군의 반전 모습이 잘 드러나길 바라는 마음으로 전체 목차와 각각의 이야기를 뽑고, 기사를 엮었다. 대부분의 이야기는 시간의 흐름에 맞춰 배열했지만, 때로는 이야기의 강조점을 위해 시간 순서를 바꿔 배치하기도 했다. 하나의 긴 기사에서는 필요한 일부분만 뽑아서 가져왔고, 내용의 이해를 위해 각 장면에 소제목을 붙였다. 연산군의 세자 시절 기사와 8부 환관 김처선 관련 기사는 『성종실록』과 『영조실록』에서 가져왔으며 독자의 이해를 돕기 위해 임금을 성종과 영조로 바꿔서 표기했다.

낭송집을 만들 수 있도록 소중한 기회를 주신 고미숙 선생님과 『연산군일기』가 『낭송 연산군일기』로 거듭나기까지 실록이라는 1차 사료의 내용이 훼손되지 않게 방향을 잡아 주신 길진숙 선생님께 감사드린다. 또한 1년 동안 지난한 작업을 함께 한 낭송집 멤버들과 조선왕조실록 세미나 도반들 그리고 가족에게 감사드린다.

一 • 청년 연산군

1-1. 세자에 오른 여덟 살의 적장자

성종이 경복궁 사정전思政殿에서 왕세자를 책봉하였다. 책문의 내용은 이러하다.

"세자를 세워 백성의 마음에 부흥하는 것은 나라의 근본을 세우기 위함이요, 종묘에서 제기를 맡아 관리하는 이는 맏아들만 한 자가 없다고 했으니, 이는 사람이 지켜야 할 큰 도리이다. 이에 지난날의 법도에 따라 금으로 만든 인장과 옥책玉冊*을 세자에게 내린다.

아! 너 이융李㦕은 세자가 될 복을 타고났고, 나라를 빛낼 상서로움으로 가득하며 타고나길 영특해서 어려서부터 어질고 효성스러웠다. 나날이 총명해지니 장차 크게 학문을 성취할 것이다. 그러니 마땅히 동궁東宮에서 덕을 기르며 왕위를 이을 몸임을 보여

* 옥책(玉冊): 왕실 또는 황실에서 책봉을 하거나 존호·시호·휘호를 올릴 때, 또는 죽음을 애도하기 위해 옥간(玉簡)에 글을 새겨 엮은 문서.

야 할 것이다. 이에 너를 왕세자로 삼는다.

아! 내가 너를 크게 믿어 이런 명을 내리니, 앞으로 나라를 굳건히 할 영구한 계책을 한결같이 생각하라. 간사한 자를 멀리하고 어진 이를 가까이하며 스승의 아름다운 가르침을 힘써 지키라. 항상 얇은 얼음을 밟듯이 언행을 조심하고 신중히 하며, 조종祖宗의 빛난 발자취를 따른다면 이 어찌 아름답지 않으랴." _ 성종 14년 (1483) 2월 6일

1-2. 성실하게 임한 세자 교육

시작도 끝도 공부

성종이 세자 교육을 담당하는 서연관에게 음식을 내렸다. 세자가 친히 잔을 잡고 스승들*에게 술을 따라 주었으며, 빈객賓客 이상에게는 각각 사슴 가죽 1장을, 보덕輔德 이하에게는 각각 활 1개를 내렸다. 세자가 『소학』의 강독을 마쳤기 때문이다. _ 성종 15년(1484) 8월 1일

형조 판서 성준成俊이 아뢰었다.

"세자가 이미 『소학』小學·『대학』大學·『중용』中庸·『논어』論語 등의 글을 읽었으니, 서연관에게 청하여 세자가 강독할 때 먼저 읽었던 것은 뜻도 해석하게 하소서."

* 세자의 스승: 세자시강원(世子侍講院) 소속의 관리들로 빈객(賓客, 정2품)·보덕(輔德, 종3품)·필선(弼善, 정4품)·문학(文學, 정5품)이 있다.

성종이 "그렇게 하라"고 하였다. _ 성종 16년(1485) 12월 9일

성종이 승정원承政院: 왕명의 출납을 맡아 보던 관아. 현대의 대통령 비서실에 전교하였다.

"오늘 아침에 대사헌大司憲: 사헌부의 종2품 벼슬. 문무백관의 감찰과 기강 확립 담당이 말하기를 '예법에 따라 세자가 아침저녁으로 전하의 수라상을 직접 돌보게 하소서'라고 하기에, 내가 이를 허락하였다. 그런데 세자는 지금 한창 학문에 정진해야 할 때이니 하루 세 차례 다 하기는 어렵다. 지금은 한 차례만 하게 하라." _ 성종 20년(1489) 5월 20일

경연 때 특진관 이칙李則이 아뢰었다.

"세자의 학문이 점점 융성해져 구두를 떼고, 뜻을 해석하는 것이 지극히 상세하고 분명합니다. 그런데 세자가 읽는 책에 아직 토口訣**가 달려 있습니다. 사람이 책을 읽을 때 토를 표시해 놓으면 마음에 게으름이 생겨 공부에 방해가 됩니다. 이제부터는 토 없이 글을 읽게 하소서."

** 구결(口訣): 한문을 읽을 때 그 뜻풀이나 독송(讀誦)을 위해서 각 구절 아래에 달아 쓰던 문법적 요소를 통틀어 말한다. '隱(은, 는)', '伊(이)' 등의 조사를 끝에 달아서 글의 내용을 이해하기 편하게 하는 것으로 이는 아직 자기 힘으로 책을 읽을 힘이 없음을 의미한다.

성종이 "옳다" 하였다.

이칙이 또 아뢰었다.

"세자는 지금 덕을 기르고 학업에 힘써야 할 때입니다. 그러기 위해선 마땅히 세자의 전후좌우에 선한 사람을 있게 해서 덕성 기르는 것을 도와야 합니다. 지금 세자의 스승들은 다 명망 있는 사람이니 자주 교체하지 마소서."

성종이 "옳다" 하였다. _ 성종 22년(1491) 12월 19일

낮에 경연을 마치고 권경희權景禧가 성종께 아뢰었다.

"세자가 경서經書만 읽어서 열일곱 살인데도 문리文理를 터득하지 못했습니다. 그러니 세자가 예로부터 지금까지 나라가 잘 다스려지고 어지러워지는 이치를 어찌 알겠습니까? 하지만 세자는 이를 꼭 알아야만 합니다. 모름지기 역사책史書을 먼저 읽게 하면 문리 또한 쉽게 통할 것입니다."

성종이 말하였다.

"맞는 말이다. 전에 영의정이 말하기를 '세자한테 『춘추』春秋를 읽히는 것이 좋다'고 하였다. 나도 『춘추』는 선한 일은 칭찬하고 악한 일은 나무라는 책으로 치란治亂 득실治亂이 담겨 있기에 이것이 역사라고 생각한다. 그래서 세자가 『시경』을 다 읽으면 『춘추』를 읽히려고 한다."

이에 권경희가 말하였다.

"호안국의 『춘추호씨전』春秋胡氏傳은 은밀하고 미세한 뜻이 많고 『춘추좌씨전』春秋左氏傳은 내용이 너무 번다해서 읽기 어렵습니다. 하지만 『십구사략』十九史略을 읽으면 문리를 쉽게 이해할 수 있을 것입니다."

시독관 강겸姜謙이 말하였다.

"옛사람이 말하기를 '뭍 사람의 군주요 아비가 되어 『춘추』에 통달하지 못하면 악당의 우두머리라는 오명을 얻는다'라고 했으니, 『춘추』는 꼭 읽어야 합니다."

성종이 "승지의 말이 옳다" 하였다.

권경희가 말하였다.

"배우는 자는 스승에게 가르침을 받더라도 반드시 벗들과 더불어 토론해서 내용을 분별한 뒤에야 사리에 통달하게 됩니다. 그런데 지금 서연관은 단지 구두만 떼어 읽게 하고 있습니다. 청컨대 아침과 낮에 하는 강독에서는 경서를 읽게 하소서. 저녁에 하는 강독에서는 『십구사략』을 읽되, 서연관 관리들과 함께 서로 묻고 토론하다가 세자가 해석하기 어려운 것이 있으면 다시 토론하여 미묘한 뜻까지 남김없이 해석하게 해서 문리에 통하게 하소서."

성종이 이들이 아뢴 내용을 서연관에게 전하라고 했다. _ 성종23년(1492) 1월 29일

성종이 사복시에 전교하였다.

"세자가 장성하면 내가 궐 밖으로 거둥할 때 같이 나가야 한다. 그런데 세자는 궁중에서 나고 자랐으니 어찌 말 타는 것을 알겠느냐? 사복시 관리는 잘 길들인 말을 뽑아 세자가 후원에서 말 타는 것을 연습하게 하라." _ 성종 20년(1489) 4월 5일

세자가 성균관에 나아가 문묘文廟에 술잔을 올리고 입학했다.* _ 성종 18년(1487) 2월 29일

동방예의지국의 세자답습니다

명나라 사신이 태평관太平館: 사신이 머무는 객관에 도착하자 세자가 인사하기 위해 찾아갔다. 세자가 서쪽 계단으로 올라가 대청의 처마 아래에 서자, 두 사신이 세자를 맞았다.

"객관에서는 사신이 주인이니, 청컨대 세자께서 먼저 들어가소서."

세자가 말하였다.

"황제의 명을 받들고 온 대인大人이 계시는데 어찌 감히 먼저 들어가겠습니까?"

* 왕세자는 8세에서 10세 사이에 성균관 입학례(入學禮)를 치른다. 입학례는 성균관에서 공자를 모신 문묘에 술을 올리는 작헌의(酌獻儀), 명륜당(明倫堂)에서 박사로부터 수업을 받는 입학의(入學儀) 등으로 구성되는데, 입학례 후 세자는 실제로는 궁궐에서 서연관들과 공부한다.

사신들이 웃으며 말하였다.

"말씀하신 것이 예법에 맞습니다. 함께 올라가는 것이 좋겠습니다."

세자가 말하였다.

"어찌 함께 올라가겠습니까?"

사신이 말하였다.

"세자께서 나이 어리고 날씨도 더워 피곤하실까 염려스럽습니다. 한 번에 맞절하는 것이 어떻겠습니까?"

세자가 말하였다.

"두 대인에게 각각 절하는 것이 예인데, 어떻게 한 번에 절을 하겠습니까?"

이에 두 사신이 웃으며 말하였다.

"그것도 예를 아는 것입니다."

그리고 각각 동서로 서서 의식대로 절하였다.

두 사신이 말하였다.

"세자의 자리를 우리와 마주 보도록 동서로 하는 것이 좋겠습니다."

세자가 대답하였다.

"여기는 부왕의 자리이니 감히 받아들일 수 없습니다."

"효를 따르는 도리로 보면 세자의 말씀이 옳습니다. 그러면 조금 뒤쪽에다 자리를 새로 마련하는 것이 좋겠습니다."

이에 세자가 말하였다.

"부왕께서 곧 이곳에 오실 텐데 비록 조금 뒤라고 해도 내가 어떻게 앉아 있을 수 있겠습니까?"

사신이 웃으며 말하였다.

"말씀하신 것이 전부 예의에 맞습니다."

그리고 의식에 맞게 선 채로 다례茶禮를 행하였다. _ 성종 23년 (1492) 5월 28일

1-3. 열여덟 살에 왕으로 즉위하다

미시未時: 오후1시~3시에 세자연산군와 왕자와 종친 그리고 문무백관이 모두 상복을 입고 자신의 자리에 엎드려 곡하였다. 대전관代奠官: 제사 때 임금이나 왕세자를 대신하여 향을 피우고 술잔을 올리는 관리이 술잔을 올린 후에 세자와 왕자, 종친이 빈전 근처에 설치한 임시 천막으로 돌아가자, 대소신료들이 차례로 뒤를 따라 나갔다. 중전과 세자빈 그리고 내·외 명부가 의례대로 상복을 입었다.

도승지는 임금의 유언이 담긴 함을 들고 상서원尙瑞院: 인장과 패를 담당하는 기관 관원은 옥새를 들고 가서 빈전 안의 남쪽에 놓았다. 관복으로 바꾸어 입은 종친과 문무백관이 빈전 밖에 서자, 좌의정 노사신盧思愼이 동남 모퉁이로 가 엎드렸다. 의례복인 면복으로 바꿔 입은 세자가 의례를 담당하는 통례원 관리의 인도를 받으며 동문으로 들어와 제 위치로 나아갔다.

노사신이 빈전 안의 남쪽 탁자 앞에 무릎을 꿇고 옥새를 받든 후 서쪽으로 향하게 섰다. 세자가 동쪽 계단으로 올라와서 향로가 놓인 탁자 앞에 꿇어앉자, 노사신이 세자에게 옥새를 올렸다. 세자가 옥새를 받아서 옆에 있는 신하에게 건네주고 계단을 내려갔다. 세자가 자기 자리에 서서 네 번 절하고 서문으로 나가자, 옥새를 받은 신하가 세자의 뒤를 따랐고 그 뒤를 종친과 문무백관이 차례로 따랐다.

왕위에 오른 임금이 창덕궁 인정전 처마 밑에 자리를 잡고 신하들의 인사를 받았다. 이후 임금이 임시 천막으로 돌아가서 면복을 벗고 다시 상복으로 갈아입자, 종친과 문무백관 또한 문밖으로 나가 상복으로 갈아입었다. 이들이 다시 뜰 안으로 모이자 임금이 사면령과 교서를 내렸다. _ 연산 즉위년(1494) 12월 29일

1-4. 불교 수륙재 파동 ①

사헌부 장령 강백진康伯珍과 사간원 정언 이의손李懿孫이 아뢰었다.

"성종 대왕을 위해 수륙재水陸齋*를 거행하라는 전교를 내리셨다고 들었습니다. 선왕께서는 일찍이 불법을 좋아하지 않으셨고, 또 지금은 새로운 정치를 시작하는 때이기에 신하와 백성들은 전하께서 좋은 정치를 펴시길 바랄 뿐입니다. 그러니 사악한 도를 버리고 바른 예법을 따르소서."

* 수륙재(水陸齋)는 불교에서 물과 땅의 여러 귀신에게 음식을 차려 주고 경을 읽어 주어서 천도하는 것으로 죽은 이의 명복을 빌어 주는 재의식이다. 조선에서 수륙재가 처음 시작된 것은 태조가 고려 왕씨를 위해 관음굴 등에서 수륙재를 베풀고 봄 가을로 거행하게 한 것이다(4년 2월 24일). 수륙재는 조선 개국 초 불교 의례들이 폐지되는 상황에서 오히려 새롭게 국행 의례로 정례화되었다. 이후 국행이나 왕명으로 수륙재가 거행될 때는 관료를 파견하고 향을 하사하고 기도문을 작성하는 등 국가 공식 의례의 위상을 가졌다. 『경국대전』에 수륙위전(水陸位田)이 명시되어 법적으로 인정받는 유일한 불교 의식이다. 연산군 때 수륙재 파동 문제는 선왕의 명복을 빌어 주는 수륙재임에도 대간을 비롯한 성균관 유생까지 나서서 극렬하게 반대했다. 이는 성종 후반기 세력이 커진 대간이 젊은 새 왕이 즉위했을 때를 이용해서 신권 중심의 정치 질서를 공고히 하려는 의도로 보인다.

임금이 전교하였다.

"선왕께서 어찌 불법을 좋아하셨겠느냐. 하지만 수륙재는 나라가 건국된 이후 행해 왔고 선왕께서도 그만두라는 명을 남기지 않으셨다. 그러니 이제 와 갑자기 폐지할 수는 없다."

강백진 등이 다시 아뢰었다.

"선왕께서 불도를 믿지 않으셨는데, 49재 때 수륙재를 지내는 것은 효자가 어버이의 뜻을 받드는 것이라 할 수 없습니다. 수륙재를 지내지 마소서."

임금이 전교하였다.

"선왕께서는 불교를 좋아하지 않으셨지만 예종을 위해 수륙재를 행하셨다. 나도 선왕을 위해 행하겠다."

홍문관 부제학 성세명成世明 등이 글을 올렸다.

"선왕을 위해 불교의 수륙재를 지내시겠다며 홍문관 관원에게 제문을 지으라 명하셨다니, 너무 놀랍습니다. 애달픈 마음에 온 정성을 다하려는 마음은 알겠으나 이는 효를 행하는 도리가 아닙니다. 선왕께서 불교를 믿지 않으신 것은 다 아는데, 선왕의 생각과 반대되는 일을 한다면 이는 죽은 이를 살아 있을 때처럼 섬긴다는 도리에 맞지 않습니다. 더욱이 지금은 정치를 새롭게 여는 때이니 더욱 삼가야 합니다. 이 일이 참으로 도리에 맞지 않기에 전하께서 가슴을 치고 발을 구르며 애달파하는 이때에 신들도 이렇게 간절히 청하는 것입니다." _ **연산 즉위년(1494) 12월 26일**

1-5. 불교 수륙재 파동 ②

임금의 명을 거부한 홍문관원

홍문관弘文館: 왕의 자문 담당 관서 수찬 손주孫澍가 아뢰었다.

"신에게 수륙재의 제문을 지어 바치라고 명하셨습니다. 그런데 홍문관에서 방금 불교의 수륙재를 지내는 것은 부당하다는 논의를 마쳤는데 신이 제문을 짓는다면 일이 어찌되겠습니까? 하여 신은 감히 명을 받들지 못하겠습니다."

"내가 이미 명을 내렸는데 제문을 짓지 않겠다는 것이냐?"

"수륙재의 거행은 부당하다고 홍문관에서 의견을 모아 전하께 글을 올렸고, 저도 옳은 일이 아닌 것을 알면서 제문을 짓는 것은 사리에 맞지 않다고 생각합니다. 그래서 감히 명을 받들지 못하는 것입니다."

임금이 정승들에게 전교하였다.

"임금의 명을 받고도 손주가 제문을 짓지 않겠다고 했다. 이것이 과연 옳은 일인가? 굳이 두 번이나 사양하니, 끝내 임금의 명을 따르지 않겠다는 것인가?"

정승들이 아뢰었다.

"예법으로 따지면 손주가 명을 받들지 않은 것은 무례입니다. 하오나 홍문관에서 이미 수륙재를 반대한다고 논의를 마쳤는데 홍문관 관원인 손주가 제문을 짓는다면 이는 생각과 행동이 다른 것이 됩니다. 그래서 사양하는 것입니다."

임금이 손주에게 전교하였다.

"윗대의 임금들도 수륙재를 행하였다. 속히 지어 바치라."

손주가 제문 짓는 것을 거부해서 결국 노사신의 의견으로 승정원에서 지었다. _ 연산 즉위년(1494) 12월 27일, 28일

불손한 상소를 올린 유생들

임금이 수륙재 관련해서 불손한 상소를 올린 생원 조유형趙有亨 등 유생 157명을 의금부에 하옥시키라고 명했다. 임금이 상소문 중에서 '임금이 어려서 두 대비께서 마음대로 수륙재를 지내는 것이고, 노사신은 과거에 불교를 가지고 세조를 그른 길로 인도하더니 이번에도 같은 방법으로 전하를 우롱하고 있습니다. 세조께서 불교를 믿으셔서 역신이 난리를 일으켰고, 중의 무리가 좋아하며 곧 불교가 부흥할 거라고 했습니다'라는 말을 붓으로 뭉개어 버렸다.

그리고 이 내용을 가리키며 명하였다.

"지금도 이런 역신이 있단 말이냐? 이 말을 어디서 들었는지 이

들을 추국해서 실체를 밝히라."

신승선愼承善이 승지들과 의논하여 아뢰었다.

"유생의 말이 지나치기는 하나 새 정치를 여는 때에 이들을 가둔다면 언로가 넓어지지 못할 것입니다. 또한 유생의 광망함은 시비를 따질 것이 못 되니 너그러이 용서하소서."

"임금에 관한 말인데, 어찌 국문하지 않는단 말이냐."

지평 안윤덕安潤德과 정언 이자견李自堅이 아뢰었다.

"광망한 유생들이 상황을 제대로 알지 못하고 지나친 말을 한 것이니, 부디 너그럽게 용서하소서. 국문은 불가합니다."

"비록 광망한 유생들이라고 해도 그들은 임금을 섬기려고 태어난 자들이다. 그런데 어떻게 두 대비께서 마음대로 한다느니, 임금을 우롱한다느니 등의 말을 입 밖에 낼 수 있단 말이냐."

홍문관 부제학 성세명 등이 글을 올렸다.

"성균관 유생을 가두셨다니 신들은 놀라움을 이기지 못하겠습니다. 임금의 명이 유학과 불교에 관계된 것일 때 유생들이 상소하여 시비를 다툰 것은 예로부터 있는 일입니다. 그런데 전하께서 즉위하신 직후에 이들을 가두시니, 백성 중 놀라지 않은 이가 없습니다. 엎드려 바라건대 추국하라는 명령을 빨리 거두소서."

임금이 전교하였다.

"나라에 큰 상례가 생기면 신하와 백성은 누구나 흰옷을 입는다. 하지만 상중이라고 큰 죄를 지었는데 묻지 않아서야 되겠느냐? 또 유생의 일이라고 너그러이 용서한다면 이들은 그 재주를 믿고 또다시 무도한 말을 하고 글을 쓸 것이다. 그리고 내가 저들을 추국한 다음에 경들이 이런 말을 하는 것은 옳다. 그런데 지금은 추국도 하지 않았는데 어찌 서로 앞다투어 와서 말하는 것인가? 이것이 옳은가?"

성세명 등이 다시 아뢰었다.

"대간이 과하게 말한다 해도 너그럽게 용서해야 하는데 하물며 저들은 유생이 아닙니까. 대신과 대간 모두 불가하다 하는데도 이렇게 받아들이지 않으시니, 선비의 기운이 꺾이고 언로가 막힘이 이보다 심할 수는 없습니다."

홍문관에서 글을 올렸다.

"전하께서 새로 천명을 받으시어 즉위하신 지 겨우 27일이 지났을 뿐입니다. 선한 정치와 가르침이 아직 아래로 펴지지도 않았는데 유생 150여 명을 가두라 명하셨습니다. 이에 대신과 대간 그리고 시종이 모두 안 된다고 말리는데 받아들이지 않으시니, 신들은 두려움에 뜻한 바를 다 말할 수 없을 것 같습니다."

임금이 전교하였다.

"단지 유생들에게 그렇게 말한 까닭을 물으려는 것뿐인데 무엇이 불가하다는 것이냐?"

홍문관에서 글을 올렸다.

“전하께서 상중에 계시면서 첫번째로 내린 명이 유생을 가두고 국문하라는 것입니다. 이에 군졸이 성균관에 뛰어들어 150여 명을 묶어서 양 떼를 몰듯 끌고 나와 성균관이 텅 비었습니다. 이번 결정으로 전하께서는 크게 명망을 잃으셨습니다.”

대간도 글을 올려 반대하니 임금이 전교하였다.

“유생들을 가두지는 말고, 그렇게 말한 이유만은 물으라.”

홍문관에서 아뢰었다.

“유생들을 가두지 말라 명한 것은 참으로 잘하신 일입니다. 유생의 상소는 불교의 수륙재 때문이지 다른 뜻은 없습니다. 만일 전하께서 그 상소에 관해 끝까지 물으신다면 결국 유생들은 죄를 얻게 될 것입니다. 하지만 상소에 대해 더 이상 묻지 않으신다면 성덕이 크게 빛날 것입니다.”

임금이 전교하였다.

“내가 유생을 가두지 말라고 한 것은 용서해서가 아니라 대신과 대간의 간언을 거부한다는 비방을 두려워해서다. 하지만 그들이 상소에 그런 말을 왜 썼는지 연유는 묻지 않을 수 없다.” _ 연산 1년(1495) 1월 22일

신하들의 입을 막는 것입니다

사간 이의무 등이 아뢰었다.

"11일에 하교하시기를 '내가 대비께 글을 올린다고 한들 청한 대로는 안 될 것이다. 그래도 글은 올리겠다'라고 하셨고, 12일 경연에서는 '모후중종의 어머니, 정현왕후 윤씨의 마음이 상할까 염려된다'고 하시면서도 '내가 장차 온 힘을 다해 간언하겠다'라고 하셨습니다. 이에 신들은 수륙재를 올리는 것은 반드시 모후의 뜻이라고 생각했습니다. 모후의 뜻이 아니라면 전하께서 이처럼 하교하셨겠습니까?

또 지난 하교 때에는 '나도 수륙재가 도가 아닌 줄 안다'라고 말씀하셨습니다. 그런데 이제 와서는 모후의 뜻이 아니라 내 뜻이라 하시니, 어찌 바르지 않은 도로 선왕을 섬기려 한단 말입니까.

전하께서 지난 하교에서 수륙재 거행은 '모후의 뜻이다' 하시고 이번엔 '내 뜻이다' 하셨으니, 이는 전하께서 신들의 말을 막으려고 하신 말씀이 분명합니다. 만일 그렇다면 임금으로서 이보다 큰 실수가 없고 되레 수륙재 거행은 작은 죄가 됩니다. 그러니 전하께서는 아예 이런 마음을 가지지 마소서."

그러나 임금이 들어주지 않았다. _ 연산 1년(1495) 11월 15일

수륙재는 폐지할 수 없다

임금이 전교하였다.

"옛말에 이르기를 '총명한 척해서 옛 법을 어지럽히지 말라' 하였다. 이는 임금을 섬길 때 백성에게 해로움이 없으면 선왕의 일

을 고쳐서는 안 된다는 뜻이다. 어제 내가 대간의 간언을 허락하지 않고 '그대들 마음대로 하라' 했더니 김일손 등이 사직하고 물러가 버렸다. 이는 나를 용렬한 임금으로 여겨 섬기지 않는 것이다."

표연말 등이 다시 아뢰었다.

"성상께서 하교하시기를 '총명한 척해서 옛 법을 어지럽히지 말라. 조종의 법도는 준수해야 한다'라고 하셨습니다. 만일 준수해야만 할 법을 임금이 고치려 한다면 신하가 먼저 간해서 말려야 하고, 선대에서 한 일일지라도 지켜선 안 될 것이라면 고치는 것이 효도입니다. 또한 대간은 임금께 말을 올렸다가 윤허받지 못하면 사직하는 것이 예입니다. 어찌 전하의 말씀과 같은 일이 있을 수 있겠습니까. 부디 대간이 책망을 두려워하지 않고 말을 다 할 수 있도록 너그러이 받아들이소서."

임금이 전교하였다.

"내가 수륙재를 지낸다고 해도 다른 잘못이 없으면 어찌 걸桀·주紂*에 이르겠으며, 재를 지내지 않는다고 해도 다른 일이 보잘것없으면 어찌 요堯·순舜**이 될 수 있겠는가? 지금 신하들에게는 임금을 사랑하는 마음이 없으니 이것이 옳은 일인가?" _ **연산 1년(1495) 11월 30일**

* 중국 하(夏)나라의 걸(桀)과 함께 상(商)나라의 주(紂)는 폭군의 대표로 꼽힌다.

** 요(堯)와 순(舜)은 성군(聖君)의 대명사로 중국의 신화 속 군주이다.

1-6. 하늘의 견책에 귀 기울이다

이경二更: 밤 9시~밤 11시에 창덕궁 선정전宣政殿 기둥에 벼락이 쳤다._

연산 3년(1497) 6월 27일

승정원에서 아뢰었다.

“예전에도 대궐 안에 벼락이 친 변괴는 있었지만 모두 정전正殿* 이 아니었습니다. 그런데 이번에는 정전에 벼락이 쳤으니 크게 괴이합니다. 재변은 대개 위에서 덕을 잃었을 때 일어납니다. 이번 재변을 해소하기 위해 전례대로 해왔던 일에 대해서는 아랫사람들이 삼가 거행하겠습니다. 전하께서는 삼가 두려워하며 아랫사람을 근심하시고, 마음을 바로잡고 몸을 닦아 하늘의 꾸지람에 응답하소서.”

임금이 정무를 중지하고 반찬 수를 줄였다.

* 임금이 정사를 보고 받고, 정령(政令)을 반포하고, 외국 사신을 맞이하는 곳.

임금이 창덕궁 희정당熙政堂에서 재상과 의정부·육조·한성부·대간·홍문관을 직접 만나 물었다.

"어제의 재변은 내가 부덕해서다. 이번 재변을 해소할 방법을 나는 모르겠으니 각자 말하라."

윤필상이 말하였다.

"선왕조의 고사를 찾아보고 이를 시행하시고, 또 구언求言을 들어서 정사의 잘잘못과 민간 복리와 병폐를 살피시어 재변을 해소하소서."

노사신이 말하였다.

"옛말에 이르기를 '하늘은 임금을 사랑해서 재변을 내려 경각시킨다'라고 하였으니, 이번 일로 경계하고 조심하신다면 비록 재변이 있더라도 그 응보는 없을 것입니다. 요즈음 경연에 나오시지 않아서 여러 신하를 만나는 일이 없으셨는데, 이런 것이 바로 잘못된 정사입니다. 이번 재변도 반드시 여기서 연유했을 것이니 경계하고 조심하소서."

임금이 말하였다.

"경의 말이 옳다. 요즘 내가 몸에 열이 있고 날씨가 몹시 더워서 경연을 하지 않았는데, 이것이 재변을 가져올 만하다."

좌의정 어세겸魚世謙이 말하였다.

"신은 이번 재변이 무슨 일 때문인지 모르겠습니다. 그러나 뇌성벽력은 바로 아랫사람들이 억울함을 느꼈을 때 오는 것입니다.

옛말에 '임금이 계시는 대궐의 문이 천 리보다 멀다'라고 하였습니다. 지금 백성 중에 어찌 원통하고 억울한 사람이 없겠습니까. 무릇 백성들의 송사를 판결할 때는 큰일은 30일, 중간 일은 20일, 작은 일은 15일 내에 처리하라고 법에 정해져 있습니다. 이런 법이 있는데도 관리들은 판결을 미루고 시간을 끌어서 판결할 송사가 쌓이고 있습니다. 그런데 관리에게 송사가 밀린 이유를 물으면 '피고가 나타나지 않았다'라고만 합니다. 만약 지체된 기간과 정상을 참작하여 송사를 처리한다면 백성들의 원통함이 반드시 풀릴 것입니다. 또한 근자에 시비를 따지지 않고 외지부外知部* 백성의 가족을 변방으로 옮기게 했는데, 지아비 한 명의 원망만으로도 화기가 손상되어 재변을 가져올 수 있습니다."

임금이 말하였다.

"전례에 재변을 해소하는 규정이 있으나 이번 재변에는 해당하지 않을 것이다. 구체적으로 더 조사하여 아뢰라."

노사신이 또 말하였다.

"신하들이 재변을 해소하기 위해 많은 충언을 올렸지만 절실하게 행하지 않는다면 무슨 소용이 있겠습니까. 청컨대 속히 스스로 반성하는 말씀을 내리시어 만백성이 하늘을 조심하고 백성을 돌보려는 전하의 뜻을 알 수 있게 하소서." _ 연산 3년(1497) 6월 28일

* 외지부는 송사를 맡은 관원이 아니면서 밖에서 그런 행세를 하는 사람을 뜻한다.

1-7. 명군은 아니지만 암군도 아닌

낭비하지 말라

임금이 전교하였다.

"내가 포도화葡萄火: 불꽃 모양이 포도처럼 터지는 화약를 간략하게 만들라고 명했건만, 사치스럽게 만들었으니 이는 옳지 않다."

승지 신수근이 아뢰었다.

"군기시軍器寺: 무기나 병기의 제조를 담당한 병조 소속의 관청에서 명을 제대로 확인하지 않고 멋대로 전처럼 호사스럽게 만들었으니 국문하소서."

임금이 전교하였다.

"올해는 천재지변이 있었고, 화산대火山臺: 산대 중에 불꽃놀이하는 무대 만드는 것은 심한 낭비이기에 앞서 간략하게 만들라고 명했었다. 그런데 어찌 이 지경에 이르렀단 말이냐? 전례를 따져 국문하는 것이 옳다." _ **연산 3년(1497) 12월 29일**

공조에서 임금의 말안장을 덮는 천을 올렸는데, 천에다 금박 가루를 입혀 그림을 그린 것이었다. 이를 본 임금이 전교하였다.

"이것은 너무 사치스럽고 금이 아깝다. 이제부터는 유황과 비소를 섞은 자황을 써서 금색을 내도록 하라." _ 연산 5년(1499) 9월 4일

유생의 음식은 줄이지 말라

임금이 전교하였다.

"학교는 인재를 양성하는 곳이다. 비록 흉년이 들었지만 유생들은 무위도식하는 존재가 아니다. 그러니 유생들의 음식 비용은 줄이지 말라." _ 연산 7년(1501) 8월 6일

암원숭이는 무익하니 받지 말라

일본국에서 암원숭이를 바치니, 임금이 손수 글을 써서 내렸다.

"중국 서려西旅: 중국 서북 지방의 나라에서 주周나라에 오獒라는 개를 바쳤다. 명재상 소공召公은 이를 받아서는 안 된다고 보았다. 해서 무왕武王에게 '그 지방의 산물이 아니면 개와 말뿐이 아니라 진귀한 새와 기이한 짐승도 기르지 않습니다. 먼 곳의 물건을 소중하게 여기면 그곳 사람이 자주 오기 때문입니다'라고 경계의 글을 올렸다. 내가 듣건대, 선왕先王(성종) 때에 왜에서 앵무새를 바쳤는데 값만 비싸고 나라에 이익이 없었다고 했다. 지금 또 암원숭이를 바친 것은 선왕이 앵무새를 받아서다. 요즘 구리와 쇠처럼

꼭 필요한 물건도 그 값을 대기가 어려워 무역을 정지했는데, 이 같은 무익한 짐승을 받아서야 되겠느냐? 돌려주고 받지 않겠다는 뜻을 전하라."

이어 전교하였다.

"이보다 앞서 대마도 도주가 말 바치는 것이 관례라고 했는데 이 또한 쓸데없는 물건이다. 이제부터는 받지 말라." _ 연산 8년(1502) 11월 14일

물소로 밭을 갈게 하라

임금이 모든 도의 감사에게 글을 내렸다.

"우리나라에서 물소水牛*를 많이 기르는데 밭갈이를 훈련시키지 않아 쓸모가 없다. 각 고을에서는 물소에 농기구를 채워 밭갈이를 익히도록 한 후 쓸모 여부를 알아보고 보고하라." _ 연산 3년(1497) 6월 24일

물건값 조작을 막아라

임금이 사헌부에 전교하였다.

* 세조 대에 일본 유구국(琉球國)에서 물소 두 마리를 바쳤는데, 17년이 지난 성종 대에 70마리까지 늘어났다. 연산군 대에 농구(農具)를 채워 농사에 도움이 되는지 그 여부를 파악하게 했다. 중종 대에는 나라에 이익이 없어서 버리라는 건의가 잇따르자 원하는 백성에게 나눠 주어 기르게 했다.

"시장의 장사치들이 이익을 독점하려고 사사로이 서로 밀약을 맺고, 일반 백성의 물건 가격은 헐값으로 정하고, 자신의 것은 비싼 가격으로 정한 후 값을 올리고 내릴 수 없게 하고 있다. 해서 일반 백성 중에는 제값을 못 받고 심지어 물건을 빼앗기는 자도 있다고 한다.

소와 말 시장의 상인들도 한통속이 되어 서로를 홍정꾼이라 칭하며 마음대로 값을 정하고 다른 사람은 손도 못 대게 하고 있다. 백성에게는 손해를 끼치고 자기들 이익만 추구하니 이는 너무한 짓이다. 이들을 죄줄 것이니 규정을 마련해서 아뢰라." _ 연산 8년 (1502) 5월 20일

나례는 중요한 게 아니다

관례에 의하면 나례儺禮*는 선달그믐음력 12월 말일 전에 2개월간 연습한다. 그런데 임금께서 이렇게 일찍부터 연습할 필요가 없다며 12월 15일부터 연습하라고 명했다. 이에 의금부에서 아뢰었다.

"날짜가 임박했는데 광대의 수가 부족하니 먼저 그 수를 채우고, 전례대로 연습하기를 청합니다."

* 나례는 고려 정종(靖宗) 이후 음력 선달그믐 밤에 민가와 궁중에서 마귀와 사신(邪神)을 쫓기 위해 하던 의식이다. 원래 중국의 주나라 때 유래된 풍습인데 새해에 악귀를 쫓을 목적으로 행하다가 차츰 중국 칙사(勅使)의 영접, 왕의 행행(行幸) 때에도 앞길의 잡귀를 물리치는 의미로 행했다.

임금이 전교하였다.

"나례는 국가의 중요한 행사가 아니다. 다만 유래가 오래되어 관습이 되었을 뿐이다. 광대가 부족하더라도 현재 있는 인원으로 거행하면 되니 그 수를 다 채울 필요는 없다." _ 연산 8년(1502) 11월 3일

사공의 폐단을 없애라

임금이 경기 감사 노공필盧公弼에게 뱃사공의 폐단을 없애라는 글을 내렸다.

"한강의 삼전·노량·양화도의 사공들이 관청의 배는 숨기고, 자기 배私船로 비싼 값을 받고 사람들을 건네주고 있다고 한다. 비싼 값 때문에 많은 사람이 강을 건너지 못하고 강가에서 노숙하고 있다니, 엄중히 고찰하여 백성들이 강 건너는 불편을 겪지 않게 하라." _ 연산 8년(1502) 2월 14일

시신을 숨긴 수령을 적발하라

임금이 전교를 내렸다.

"각도의 구황경차관救荒敬差官: 기근 구제차 임시로 임명한 관원을 모두 올라오게 하고, 경차관 박삼길은 하인을 많이 데리고 가서 고을과 역驛에 피해를 끼쳤으니 국문하라. 또한 경차관이 길에 굶어 죽은 백성이 있는 것을 보면, 그 죄가 자신에게 돌아올 것을 두려워한

수령들이 시신을 산골짜기로 치운다고 한다. 이는 나라에서 구휼하는 뜻에 반하는 것이니 이런 자가 있다면 적발하여 고하라." _ 연산 9년(1503) 4월 1일

二. 연산군의 가족 사랑

2-1. 몰락한 외가

가승지 손비장孫比長이 대왕대비정희왕후의 명을 받고 와 아뢰었다.
"윤씨 형제가 멀리 유배 갔고, 노비들도 흩어져 폐비의 장례를 치르기 어렵습니다. 상여를 운반하고 매장할 군인을 뽑아 주십시오."

성종이 즉시 해당 관사에 명해 보내 주었다. _ 성종 13년(1482) 8월 17일

임금이 성종의 묘지문墓誌文을 보고 승정원에 물었다.

"판봉상시사 윤기견尹起畎이 누구이냐? 혹 영돈녕 윤호尹壕: 중종의 외할아버지를 기견이라고 잘못 쓴 것이냐?"

승지들이 아뢰었다.

"윤기견은 폐비 윤씨의 아버지인데 윤씨가 왕비로 책봉되기 전에 죽었습니다."

임금이 이때야 어머니가 죄를 짓고 폐위되었다가 죽은 것을 알고 수라를 들지 않았다. _ 연산 1년(1495) 3월 16일

2-2. 어머니의 명예 회복

외가를 세우다

임금이 승정원에 명을 내렸다.

"폐비는 덕이 부족하여 부왕에게 버림을 받았다. 나는 혈육의 정 때문에 차마 고기를 먹지 못하지만, 신하들이야 어찌 소식을 하려 하느냐."

노사신이 아뢰었다.

"폐비가 선왕께 죄를 얻기는 하였지만 아들이 임금에 오르셨습니다. 어머니와 자식의 의리가 중요하고 크니, 이제 추존追尊: 죽은 사람에게 왕과 왕비 대접을 해주는 것하고 제사드리는 일을 의논해야 합니다. 반드시 전례가 있을 테니 홍문관에 알아보라고 한 후에 정부·육조·대간이 의논하게 하소서."

영돈녕 윤호가 아뢰었다.

"폐비는 선왕께 죄를 얻었기에 당연히 종묘에 모시고 제사를 드릴 수는 없습니다. 그러나 고금 천하에 어머니 없는 임금이 어디 있겠습니까. 신의 생각으로는 따로 사당을 세워 제사드리고, 묘소에서도 별도로 제사를 지내고, 다른 국기일처럼 폐비의 제삿날에도 형벌과 사형에 대한 문서를 올리지 않게 하소서."

좌의정 신승선·우참찬 윤효손이 말했다.

"옛날 송양공宋襄公*의 어머니가 남편에게 버림을 받았습니다. 당시 신하들이 의논하기를 '제후국의 왕이 어머니를 봉양할 수 없다면 인간으로서 큰 불행이다. 그렇다면 양공은 이제 어찌해야 하겠는가?' 이에 '자식은 부모가 살았을 때는 봉양하고 죽으면 예를 다할 뿐이다'라고 하였습니다. 선왕의 명으로 폐비는 종묘와의 인연은 끊어졌지만, 전하께서는 자식 된 도리로 폐비께 예를 다해야 할 것입니다. 예조에 명하여 옛 제도를 살펴 능을 수리하고 따로 사당을 세우라 하소서."

병조 참판 허침·이조 참판 안침·병조 참의 정석견·참지 성세명이 말했다.

"폐비는 선왕께 죄를 얻었고 선왕의 유교遺敎가 엄하여, 폐비의 제사를 조정에서 주관해 거행할 수는 없습니다. 그러니 전하께서는 천륜만 따르시어 기일에 궁중에서 재계와 소식을 행하소서. 그리고 소재지 관청에서 묘소에 제사드릴 때에는 내시부 관원을 보

* 중국 춘추시대 송(宋)나라의 왕(?~B.C.637). 이름은 자부(玆父). 초나라와 싸울 때 상대편에게 인정을 베풀다가 오히려 죽임을 당했다.

내 효도하는 마음을 다하소서. 이것이 정리와 예법에 합당합니다."

호조 참의 이극규李克圭가 말했다.

"폐비의 제사에 관한 일은 선왕께서 폐위한 뜻과는 어긋나는 것 같지만, 자식으로서 제사를 폐지하는 것은 미안한 일입니다. 3년 안에는 궁중에서 거행하고 그 후에는 예조 관원에게 옛 제도를 찾아보게 한 후 다시 의논하여 시행하소서." _ 연산 1년(1495) 8월 15일

이장을 반대하는 자는 참형에 처하겠다

임금이 승정원에 글을 내렸다.

"내가 내시를 보내서 폐비의 묘를 살펴보게 했는데, 묘소가 무너진 지 여러 해가 지났건만 수리조차 하지 않았다고 한다. 해서 해골이 묘소 밖으로 나와 여우와 살쾡이에게 먹힐 지경이라니, 사대부의 묘소일지라도 이와 같아서는 안 되는데, 하물며 임금의 어머니 묘를 어찌 이리 둘 수 있단 말이냐. 자식 된 도리로 차마 들을 수가 없다. 길일을 가려 묘를 옮길 것이다. 불가하다고 말하는 자는 용서 없이 참하리라."

이어 임금이 전교하였다.

"폐비의 묘를 정성껏 보살피지 않고 제사도 하지 않은 것을 보니 내가 마음이 너무 아프다. 앞으로는 이렇게 하지 말라. 관찰사도 신하이니 때때로 가서 제사 지내도록 하라."

승지들이 아뢰었다.

"예조에 전지를 내려 묘소 옮기는 일을 시행하게 하소서."

이에 임금이 전교하였다.

"제사를 명절에만 지내서는 안 된다. 앞으로는 삭망전朔望奠* 도 행하라고 전지에 기록하라. 전일 의논을 올린 신하 중에 안침 같은 무리의 말은 틀렸다. 지금 묘 옮기는 것이 불가하다고 말하는 자가 있다면 이는 나의 신하가 아니다." _ 연산 2년(1496) 윤3월 13일

아버지의 뜻을 지키소서

예조 판서 성현成俔 등이 아뢰었다.

"신주와 사당을 세우는 일은 이미 신승선 등의 의견을 따르라 하셨습니다. 그런데 또 윤효손의 의견을 따르라 하시니, 신들은 윤효선의 의견이 무엇인지 모르겠습니다."

임금이 전교하였다.

"신승선 등의 의견을 따르라는 것은 신주와 사당을 세우는 것이고, 윤효손의 의견을 따르라는 것은 폐비를 추존하라는 것이다."

성현 등이 다시 아뢰었다.

"당초 폐비할 때 성종께서는 군신들의 말에 이렇게 답하셨습니

* 상중(喪中)에 있는 집에서 매달 초하룻날과 보름날 아침에 지내는 제사.

다. '아들이 임금이 되면 혈육의 정을 따라 마땅히 추존할 것이다. 그렇지만 아비의 뜻을 따라 영원토록 나의 명을 바꿔서는 안 된다.' 그리고 10년 뒤에 제사를 의논할 때에도 예관에게 이 말을 교지로 내리셨습니다. 그러니 신주와 사당을 세우는 것 외에 추존은 할 수 없습니다."

임금이 전교하였다.

"신주와 사당을 세울 수 있는데 어찌 추존할 수 없단 말이냐. 추존에 관한 일을 의논해서 아뢰라."

성현 등이 다시 아뢰었다.

"지금 성종의 삼년상도 끝나지 않아 대비께 존호尊號: 왕이나 왕비의 덕을 기리기 위하여 올리던 칭호도 올리지 못하고 있습니다. 그런데 어찌 폐비를 추존할 수 있겠습니까? 신주를 모시고 사당을 세우는 것만으로도 효도를 다한 것입니다. 예관은 법을 지켜야 하니 추존하기 어렵습니다."

이에 임금이 전교하였다.

"추존은 삼년상 뒤에 할 것이니 지금은 우선 정지한다." _ 연산 2년 (1496) 6월 13일

대사헌 김제신金悌臣이 아뢰었다.

"전하께서 폐비께 효도하시겠다며 선왕의 유교를 따르지 않으시니, 폐비께는 차마 그렇게 못할 것을 어찌 선왕께는 하려 하십

니까. 대간이 추존 문제를 그만두시라 청한 지 다섯 달이 지나도록 그만두지 않으셨습니다. 신하들의 진정은 통하지 않고 전하께서는 추존을 고집하시기에 모두 팔을 걷고 나서는 것입니다. 이것이 어찌 조정의 작은 일이라 할 수 있겠습니까. 이런 상황에서도 전하께서는 생각을 바꾸지 않으시니 신은 애석할 뿐입니다. 바라건대 전하께서는 폐비의 추존은 선왕이 남기신 간절한 말씀임을 유념하시고, 폐비의 고난을 생각하시어 대간의 말을 받아들여 상하의 정이 통하게 하소서. 또 재변은 이유 없이 일어나는 게 아닙니다. 지금 기후가 이상한 것도 하늘이 전하를 깨치게 하려는 것입니다. 이를 우연이라 생각하지 마시고 더욱 수성하소서."

하지만 임금이 들어주지 않았다. _ 연산 2년(1496) 9월 15일

아들이 어머니의 묘를 세우는 것이다

임금이 경연에 납시었다. 장령 이수공李守恭이 아뢰었다.

"16일 밤에 천둥·번개의 재변이 있었는데 전하께서 하교하시기를 '이는 재변이 아니다'라고 하셨습니다. 신들은 이 말씀을 듣고 깜짝 놀랐습니다. 공자가 『춘추』에 특별히 '3월에 크게 우레와 번개가 쳤다'라고 기록했습니다. 주나라의 3월은 지금의 정월과 같은데 어찌 재변이 아니라 할 수 있겠습니까. 또 하교하시기를 '이 재변은 대간 때문에 일어난 것이다'라고 하셨습니다. 그러나 이 재변은 윤씨가 폐비인데 사당을 세우고 신주를 모셨기 때문에

일어난 것입니다."

임금이 말하였다.

"나는 이번 천둥·번개를 재변이 아니라고 말하지 않았다. 지금은 입춘이 지난 정월이니 10월에 치는 뇌성에 비교하면 재변이라 할 수 없다는 것이다. 또한 폐비가 선왕께 죄를 지었다고 해서 아들인 내가 골육의 은혜를 잊어서야 되겠느냐? 그러니 이번 재변은 어느 일 때문이라고 정확하게 말할 수 없는 것이다. 만일 '무슨 일이 잘못됐고, 누구의 허물 때문에 재변이 나타난 것이다'라고 한다면, 이것이야말로 고집불통인 것이다. 요즘 대간이 오랫동안 대궐 뜰에 서서 자신들의 청을 들어 달라면서 다른 일을 하지 않고 있다. 해서 백성의 원망이 크다. 그래서 내가 이 또한 재변을 가져올 만하다고 한 것이다. 이는 대간이 제구실을 못한다고 지적한 것이 아니다."

이수공이 아뢰었다.

"폐비 윤씨의 사당이 문소전文昭殿: 태조의 비 신의왕후 한씨의 사당의 규모에 버금가고, 도감까지 설치해서 묘를 옮기신다니, 이는 큰 잘못입니다."

임금이 말하였다.

"네 말은 지나치다. 선왕의 유지를 지키지 않는다 해도 아들이 어머니의 사당을 세우는 것인데 무슨 허물이 있겠느냐." _ 연산 3년(1497) 1월 25일

윤필상·노사신 등이 의논하여 폐비 윤씨의 사당은 효사孝思라 하고 묘소는 회懷라 하였다. _ 연산 3년(1497) 4월 9일

10년 만의 추존

임금이 교서를 내렸다.

"『춘추』의 의리에 의하면, 어머니는 아들로 인해 귀해지고, 추존의 법은 『한사』漢史에 실려 있다. 우리 회묘께서는 덕이 크시어 왕후의 자리에 오르셨지만 끝내는 참소하는 말에 걸려들어 여러 소인들에게 핍박을 받으셨다. 정유년성종 8년에는 폐위될 위기를 겪으셨지만, 선왕과 금슬이 좋아서 아들*을 보는 경사가 있었다. 만약 진실로 회묘께서 덕을 잃었다면 어찌 이런 일이 있었겠느냐? 하지만 나날이 심해진 참소를 스스로 해명하지 못해 폐위되어 사가로 쫓겨났고, 결국에는 사사되는 큰 변을 당하셨다.

애초에 내명부가 안에서 저지하고, 대신과 대간이 밖에서 막았다면 어찌 선왕께서 참소를 믿으셨겠느냐. 선왕은 슬기롭고 덕이 있는 분이시고, 두 분 사이에 아들인 내가 있으니 신하들이 힘써 막았다면 분명히 마음을 돌리셨을 것이다.

내가 어린 나이에 들어서 아는 것도 없이 외람되게 왕위를 계승한 지 10년이 되었다. 하늘 아래 이런 슬픔이 또 있겠느냐?

* 연산군의 동생으로 일찍 사망했다(성종 10년 6월 12일 기사).

이에 모두의 의논을 모아서 폐비를 제헌齊獻왕후로 추존하고, 묘를 높여 능으로 하라. 내 모후를 폐비로 만든 자가 아직도 선왕의 후궁 반열에 있다. 곧 죄주고 이 일과 관련된 자는 살아 있거나 죽었거나 모두 서인庶人: 벼슬이나 신분적 특권을 갖지 못한 일반 사람으로 폐한다. 이로써 간사함을 다스리는 법을 바로잡고 폐비의 원한을 씻으며 나의 애통하고 그리운 심정을 다하겠노라." _ 연산 10년(1504) 3월 25일

2-3. 평생의 정인, 중전 신씨

광기를 잠재웠던 어진 왕비

임금이 전교하였다.

"『시경』의 「관저」關雎 편과 「규목」樛木 편을 보면 문왕文王의 왕비는 덕이 지극히 크다고 했다. 중전의 어진 덕은 이보다 커서 내가 동궁에 있을 때부터 그 바른 몸가짐과 덕을 가상히 여겼다. 대개 사람은 처음에는 잘하지만 끝까지 잘하기는 어렵다. 그런데 중전은 한 나라의 국모가 된 지 10여 년이 지났는데도 마음이 한결 같았다. 그 아름다움을 칭찬하고 장려해서 풍속을 밝히는 근본으로 삼고자 한다.

내가 듣건대, 세조께서 며느리인 소혜왕후昭惠王后: 인수대비를 효부라 칭찬하셨다고 했는데, 이는 어진 행실이 있어서다. 중전의 덕행도 이와 같기에 옥책玉冊을 더하고자 한다. 대소신료에게 전문箋文: 경사(慶事)나 흉사(凶事)가 있을 때에 위에 올리는 사륙체(四六體)의 글을 지어 바치게 하고 대비전에는 잔치를 올리라. 또한 중전의 여자 친족은 내정內庭: 왕의 생활 공간으로 부르고 남자 친족은 외정外庭: 왕의 집무 공간으로 불러서 음식을 대접하라. 중궁의 아버지 신승선에게 관작을 내려 포상하고, 이를 사대부가 본받게 하라.

김감·임사홍·조계형에게 옛일을 인용하여 옥책문玉冊文을 짓게 하라. 그 내용으로는 문왕의 왕비와 전대 왕비들의 덕을 인용하고 중전의 어진 덕이 아래에 미친 것, 후궁의 소생을 자기 자식처럼 어루만지고 가르친 것, 세자를 낳아서 국본을 굳건히 한 것 그리고 명철하신 성종께서 후사를 위해 현명한 비를 간택하신 아름다움이 크게 드러나게 쓰라.

이런 나의 말이 사사로움에 치우치긴 했으나, 내가 말하지 않으면 밖에서 알 수 없어서 이렇게 하는 것이다."

영의정 유순, 좌의정 박숭질, 우의정 강귀손, 예조 판서 김감이 아뢰었다.

"조정에 있는 자는 중전의 덕을 당연히 알고 있으나 먼 지방의 사람들이야 어찌 잘 알겠습니까. 책문으로 중외를 깨우치게 하소서." _ 연산 11년(1505) 6월 7일

반정 공신들도 인정한 신씨의 덕

폐비 신씨는 어질고 덕이 있으며 성격이 화평하고 온순하여 아랫사람들을 은혜롭게 어루만졌다. 임금이 총애하는 사람이 있으면 비가 더 후하게 대했기에 포학한 임금도 신씨를 매우 소중히 여겼

다. 임금이 무고한 사람을 죽이고 음란하고 방종한 행동을 할 때마다 신씨는 밤낮으로 근심하고 울며 간했는데 그 뜻이 간곡하고 절실했다. 비록 임금이 이를 다 들어주지는 않았지만 그렇다고 성내지도 않았다. 또한 폐비는 늘 대군·공주·유모·노복들을 경계시켜서 방자한 짓을 함부로 못 하게 하였다. 임금이 폐위됐을 때 폐비 신씨가 울부짖으며 임금을 따라서 강화도로 가려 했으나 나라의 명 때문에 가지 못했다. _ 연산 12년(1506) 9월 2일

2-4. 원자를 본 기쁨

후세의 욕도 두렵지 않다

임금이 원자의 탄생으로 홍귀달洪貴達·신수근愼守勤·김흥수金興守·하종해河宗海·김효강金孝江·박성림朴成林에게 품계를 하나씩 더 올려 주라 명했다. _ 연산 3년(1497) 12월 25일

임금이 대간에게 전교하였다.

"지금 내의원內醫院 관리*의 품계를 더 올려 주려는 것이 지나치다는 것이냐?"

김영정 등이 아뢰었다.

"원자의 탄생은 커다란 경사입니다. 그러나 이미 관리들의 품계

* 내의원(內醫院)의 일을 맡은 장(長)은 정3품의 정(正) 1명이며, 그 위로 의견을 내놓는 도제조, 제조, 부제조가 있었는데 이들은 모두 겸직이다. 도제조는 보통 삼정승 중 1명이 맡았고, 제조는 정2품이나 종2품이, 부제조는 승지가 겸임해 내의원을 승정원의 영향 아래 두었다.

를 올려 주셨으니 또 올려 주실 필요는 없습니다. 대신의 품계는 어짐과 덕으로 올려 주셔야지 미미한 공으로 주셔서는 안 됩니다."

임금이 전교하였다.

"내가 처음에 경들에게 이를 물은 것은 경들도 반드시 올려 주어야 한다고 답할 것이라 여겨서다. 그런데 안 된다고 하니, 이는 나의 신하가 아니다. 그 죄가 베어 죽여도 용서받지 못할 정도이니, 극형을 받는 게 마땅하다."

김영정 등이 글을 올렸다.

"원자의 탄생은 종묘사직의 복으로 신하와 백성들 모두 기뻐합니다. 큰 경사를 맞아 전하께서 이미 대사면령을 내리셨고, 문무백관의 품계를 더해 주셨으며, 이미 최고 품계에 오른 대신은 그 자손의 품계를 대신 올려 주셨으니, 성은이 헤아릴 수 없습니다. 그렇기에 내의원 관리들의 품계를 또 올려 주시는 것은 불가합니다. 산실청왕비와 세자빈의 출산을 위해 임시로 설치한 관청의 일을 주관하는 것은 그들이 당연히 해야 할 일입니다. 만약 조금의 공로가 있다면 물건을 하사하는 것이 옳습니다. 본래 재상의 직급은 능력과 인품에 따라야 하는데 어찌 신하로서 마땅히 해야 할 일을 가지고 품계를 올려 준단 말입니까. 신 등은 이런 뜻으로 불가하다고 말씀드린 것입니다. 그런데 전하께서 하교하시기를 '극형을 받아야 한다.' 하셨습니다. 대간으로서 그 죄가 베어 죽임을 당할 정도에 이르렀기에 직에 나갈 수 없습니다. 이에 사직을 청합니다.

임금이 전교하였다.

"내가 이 일을 경들에게 물은 것은 경들의 생각도 내 마음과 같을 것이라 여겨서다. 그런데 말한 바가 달라서 나 역시 그렇게 말한 것이다. 경들은 내 말이 꺼려지거든 다시 아뢰지 말라. 이번 일은 큰 경사이기에 비록 천지가 뒤집혀도 그대들의 말을 들어줄 수 없다."

김영정 등이 다시 아뢰었다.

"임금은 가벼이 말해서는 안 됩니다. 임금의 말씀은 실록에 기록되어 후세에 남겨지는데 지금 전하께서 신들에게 이같이 명하시니, 직에 나갈 수 없습니다."

대사헌 이집이 아뢰었다.

"원자의 탄생은 큰 경사이지만 품계를 남용해서 올려 주는 것은 부당하다고 생각합니다."

임금이 전교하였다.

"평상시에 이런 은혜를 베푼다면 틀렸다는 말을 들어도 마땅하다. 하지만 지금은 원자를 위해서가 아니냐. 만약 경들이 품계를 아껴서 이같이 말한 것이라면 차라리 국본이 없는 것이 옳을 것이다. 반대로 국본이 없어서는 안 된다면 품계를 아낄 이유가 없다. 이 사실을 실록에 기록해서 후세 사람들이 내가 국본을 위해 은혜를 남발했다고 욕해도 나는 두렵지 않다. 지금 경들의 직을 교체하거나 죄로 다스려도 되지만 그렇게 할 마음은 없으니 더는 아뢰지 말라."

김영정 등이 다시 아뢰었다.

"신들은 대간입니다. 전하께서 저희를 두고 '죄로 다스려야 한다'라고 하셨기에 더는 직을 맡기 어렵습니다. 청컨대 신들의 직을 바꿔 주소서."

이집 역시 아뢰었다.

"신의 생각도 김영정과 같사옵니다. 성상의 분부가 이러하시니 신 역시 직을 바꿔 주시길 원합니다."

그러나 임금이 들어주지 않았다. _ 연산 3년(1497) 12월 25일

다섯 살의 원자를 세자로 세우다

임금이 전교를 내렸다.

"중국에서는 한 살에도 태자를 책봉하는데, 우리는 반드시 7, 8세나 9세가 되기를 기다렸다가 책봉한다. 이유가 무엇이냐?"

승지 이자건 등이 아뢰었다.

"옛날 제왕들이 태자를 일찍 세운 것은 나라의 근본을 튼튼히 하고 백성들의 마음을 하나로 하려는 뜻입니다. 이 때문에 중국 조정에서는 한 살에 태자를 책봉합니다. 우리 조정의 일은 예조 관원에게 물으소서."

예조에서 아뢰었다.

"세자를 8, 9세에 책봉해야 한다는 규정은 없습니다. 중국 조정

의 일은 알 수 없습니다만 지금의 황제께서 태자를 책봉하는 조칙詔勅에 '조정의 신하들이 태자를 일찍 세우라고 청하므로 여러 사람의 권유에 못 이겨 책봉한다'라고 하였습니다. 생각건대, 우리 조정에서 나이 8, 9세가 되기를 기다려 책봉하는 것은 그 나이가 되어야 세자로서 해야 일을 제대로 할 수 있고 예를 행하는 것도 감당할 수 있기 때문인 듯합니다. 그런데 책봉은 어려운 것이 아닙니다. 책봉문만 받으면 됩니다."

임금이 전교하였다.

"세자를 일찍 세운다면 책봉에 관한 일은 바로 준비할 수가 있겠느냐?"

예조에서 아뢰었다.

"만약 명을 내리신다면 한 달 안에 준비할 수 있습니다."

임금이 "알았다" 하였다. _ 연산 8년(1502) 1월 20일

임금이 백관의 하례를 받고 세자를 책봉하였다.

"원자 황顗은 자질이 온화하고 도량이 넓으며 어릴 때부터 성인成人의 도량이 있었다. 장성하면 훌륭한 덕을 갖추어 왕위에 오르기에 합당하니, 홍치弘治 :명나라 효종의 연호 15년1502년 9월 15일에 황을 세자로 책봉해 나라의 일을 감독하고 군대를 지휘하는監國撫軍 권한을 맡긴다. 이로써 하늘과 백성의 소망에 보답하고 크나큰 경사를 맞아 은전을 베풀고자 한다." _ 연산 8년(1502) 9월 15일

영특한 세자

임금이 전교하기를 "내일부터 세자는 서연에서 학업을 받도록 하라" 하였다.

세자 이황은 성품이 침착하고 신중하며 굳세고 엄숙하였다.

하루는 임금이 경회루로 행차하여 홍청興淸*과 더불어 잔치할 때 세자를 불러서 물었다.

"내가 죽은 뒤에 네가 이들을 잘 돌보겠느냐?"

세자가 대답하지 않자 임금이 이때부터 세자를 꺼렸다. _ 연산 11년 (1505) 7월 29일

* 홍청은 연산군 10년에 왕명으로 모집한 기녀(妓女)이다. 연산군은 전국에 채홍사(採紅使)를 파견해서 아름답고 재주 있는 기녀를 뽑아 체계적으로 교육하고 관리했다. 이들은 재능에 따라 홍청, 운평, 계평, 채홍, 속평 등으로 분류된다.

2-5. 딸 바보

임금이 경연에서 재상에게 전교하였다.

"곧 휘순공주徽順公主: 연산군과 왕비 신씨 사이의 장녀의 혼인날이다. 혼인하는 공주에게 땅을 하사한다는 전례를 따라서 합덕合德: 당진의 제방堤堰: 산골짜기나 언덕 사이에 제방을 쌓아서 빗물 및 계곡물을 모아 두는 수리시설을 주려는데 어떠한가?"

좌의정 성준이 아뢰었다.

"합덕의 제방은 많은 백성이 사용하는 곳이라 공주에게 줄 수 없습니다."

예조 판서 이세좌도 아뢰었다.

"백성을 위한 제방을 폐지해서 공주에게 주는 것은 옳지 않습니다."

임금이 명하였다.

"해당 관사는 공주에게 줄 전지를 마련하도록 하라." _ 연산 8년(1502) 5월 2일 임금이 전교하였다.

"휘순공주의 집 짓는 일은 어렵지 않으니 빨리 마치도록 하라. 만약 올해 안에 끝내지 않고 내년 봄까지 가면, 봄에는 가뭄이 들기 쉬운데 그때마다 대간에서 반드시 이 일 때문이라고 할 것이다. 성종 때에도 공주의 집을 지어 줬는데, 그때의 대간들도 간언은 했지만 요즘처럼 심하진 않았다. 그런데 지금은 조그마한 일도 불가하다고만 한다. 이는 임금이 어리기(27세) 때문에 대간이 함께 아뢰면 반드시 받아들일 거라고 여겨서다. 이 같은 풍습은 임금이 어떤 일도 못하게 만드는 것이니 조장해선 안 된다." _ 연산 8년(1502) 8월 5일

임금이 전교하였다.

"휘순공주가 곧 혼인하니 전례를 따라 벼 8천 석을 주려 한다. 앞서 내수사內需司: 왕실 재정을 관리하는 관청에 이를 명했는데 지금 저장된 것이 없다고 한다. 호조에서 이를 마련해 주도록 하라." _ 연산 9년(1503) 3월 1일

임금이 승지 허집과 호조·한성부 당상·선공 제조·판돈령 구수영을 보내서 휘순공주의 집 근처에 더 헐어야 할 인가가 있는지 살피게 했다. 허집 등이 수십 채를 써서 아뢰니 임금이 전교하였다.

"해당 관사는 값을 쳐 주고 철거하라." _ 연산 9년(1503) 3월 6일

임금이 전교하였다.

"평시서平市署: 시전(市廛), 도량형, 물가 등에 관한 일을 관장하던 관서 건물이 공주 집과 너무 가까워 불편하다고 하니 이 건물은 공주에게 주고 평시서를 다른 곳으로 옮기라." _ 연산 10년(1504) 8월 20일

2-6. 큰어머니 박씨

임금이 월산대군의 아내 박씨에게 쌀 50석, 면포 150필, 품질이 좋은 정포正布 1백 필을 내려 주라 명하며 전교하였다.

"최근 조세를 운반하는 배가 침몰해서 씀씀이를 절약해야 하지만, 원자의 일이 중하기에 이를 내려 주는 것이다."

이때 원자가 박씨의 집에 머물고 있었다. _ 연산 8년(1502) 4월 14일

임금이 승평부부인昇平府夫人 박씨의 집에 잔치를 내리고 각사의 관원에게 필요한 물품을 제공하라고 명하였다. 일찍이 원자가 그 집에서 지냈는데, 엿새 전에 세자 책봉을 받아서 이런 명을 내린 것이다. _ 연산 8년(1502) 9월 21일

임금이 전교하였다.

"승평부부인의 부인夫人이란 글자 앞에 대大 자를 넣어서 도서圖書를 만들고, 문신에게 책문을 짓게 하라."

임금은 일찍이 박씨에게 세자를 기르게 했고, 세자가 장성하자 경복궁에 들어와 거처하게 했다. 그러면서 특별히 박씨에게도 궁궐에 들어와 세자를 돌보라고 명하고 승평부대부인이란 도서를 만들어 주었다. _ 연산 12년(1506) 6월 9일

임금이 경복궁에 납시어 월산대군 이정의 아내 박씨를 불러서 책문과 도서 그리고 승평부대부인이라는 호를 내렸다. 또한 잔치를 벌여 주고 그 족친에게 음식을 하사했다. _ 연산 12년(1506) 6월 13일

2-7. 형제자매*에 대한 통 큰 씀씀이

임금이 홍귀달에게 전교하였다.

“경연에서 경이 말했던 아름답지 못한 풍속을 모두 글로 써서 아뢰라.”

이에 홍귀달이 아뢰었다.

“사치의 풍습 중에서 혼례가 가장 심합니다. 왕자녀의 혼례 때 몸을 꾸미는 비용과 대궐에서 사용하는 금은·주옥·비단의 종류가 수를 셀 수 없을 정도로 많습니다. 문제는 이 같은 풍습을 따라 사대부들도 똑같이 한다는 것입니다. 부자도 재산을 다 털어야 간신히 만족할 만큼의 혼례품을 마련하고, 중·하의 가정에서는 부족한 것을 부자에게 빌리고 친구에게 얻어 쓰는 형편입니다.

상황이 이러니 자녀가 많은 가정은 한 자녀의 혼인에 재산을 다 쓰고 결국에는 궁색해져 살길조차 없는 지경에 이르고 맙니다. 이

* 『선원록』(璿源錄, 왕실 족보의 하나)에 오른 성종의 왕자녀(王子女) 수는 총 27명이다.

렇듯 혼례가 사치스러운 것은 큰 폐단입니다. 청컨대 나라에서 쓰는 비용을 모두 줄이고 세밀하게 한계를 정하소서. 위에서부터 헤프게 쓰지 않는다면 아래서도 무리하게 사치하는 일이 없어질 겁니다. 그렇게 되면 공사 양쪽 다 편리하고 풍속이 후해질 것입니다."

이에 임금이 전교하였다.

"경의 말이 매우 옳다. 하지만 내가 어질지 못해서 바로 고치지 못하겠다." _ 연산 6년(1500) 5월 20일

임금이 경연에 납시었다. 헌납 최숙생崔淑生이 아뢰었다.

"나라에 사치하는 풍습이 날로 심해져 사대부도 혼례 때마다 앞다투어 사치를 숭상합니다. 법으로 금지했는데도 이런 풍습을 고치지 않으니, 매우 아름답지 못합니다. 옛사람이 이르기를 '만약 폐단을 없애려면 궁궐 안에서부터 시작해야 한다'라고 했습니다. 신의 생각으로는 여러 군과 옹주들의 혼례 때 검약하고 소박하게 해서 아래에 모범을 보인다면, 천박하고 사치한 풍습이 저절로 사라질 것입니다."

이에 임금이 답하였다.

"궁중 혼례는 지금만 이런 것이 아니라 그 유래가 오래되었다. 사치를 금하는 법이 있는데도 아래에서 받들어 행하지 않으니, 법을 제정한들 무슨 이익이 있겠는가?" _ 연산 9년(1503) 2월 18일

2-8. 진성대군(중종) 챙겨 주기

임금이 전교하였다.

"혼인해서 사가로 나가는 진성대군晉城大君에게 전례에 따라 곡식 7천 석을 주려는데 지금 내수사에 저장한 것이 부족하다고 한다. 국고에서 가지고 있는 것으로 주려 하니 이를 정승들에게 물어보라."

정승들이 아뢰었다.

"지금 내수사에 가지고 있는 것이 부족해서 대군에게 줄 것이 없다면 내년에 주는 것이 좋겠습니다. 지금 종친과 백관의 녹봉과 평소 들어가는 궁궐 경비가 매우 많은데 나라에서 저축해 놓은 것은 적습니다. 또 평안도의 군량이 모자라서 남방의 곡식을 가져가는 상황입니다. 만일 남북에 큰일이 생긴다면 무엇으로 당해 내겠습니까. 그리고 사가로 나가는 대군에게 국고에 저장한 곡식을 주는 예는 없습니다." _ 연산 6년(1500) 2월 7일

三.

할아버지가 몰고 온 피바람, 무오사화

3-1. 김종직의 「조의제문」*

정축 10월 어느 날 나김종직는 밀성밀양에서 출발해서 경산으로 가던 중에 답계역踏溪驛: 성주에 머물렀다. 잠이 들었는데 꿈에 칠장복七章服: 곤복의 종류로 국가 주요 행사 때 군주가 입는 옷을 입은 신이 나타나서 말하기를 "나는 초楚나라 회왕懷王의 손자 심心: 의제인데, 서초 패왕 항우에게 살해되어 빈강郴江에 버려졌다" 하고 사라졌다. 나는 놀라서 꿈에서 깨어나 생각하기를 회왕은 남초 사람이고, 나는 조선 사람이다. 두 곳의 거리가 만여 리이고 천 년이 넘는 시간 차이가

‡ 무오사화(戊午士禍): 조선 시대 4대 사화 중 첫번째로 일어난 사화다(연산군 4년, 1498). 『성종실록』 편찬 중 김일손의 사초(史草)에 실린 김종직의 「조의제문」이 문제가 되었다. 내용은 계유정난(1453)을 일으킨 세조의 행위를 비판한 것으로 세조의 손자인 연산군으로서는 당연히 격노할 수밖에 없는 상황이었다. 다만, 사화라고는 하지만 사림이 대거 숙청되진 않았다.

* 「조의제문」(弔義帝文): 김종직이 초나라 황제 의제가 신하인 항우에게 죽임을 당한 것을 슬퍼하며 지은 글이다. 연산군은 이를 계유정난을 일으킨 세조가 단종에게서 왕위를 찬탈했다며 비난한 것으로 보았다.

있는데, 꿈에 회왕이 나를 찾아오니, 이 무슨 조짐일까? 또 역사서에 회왕의 시신이 강에 잠겼다는 말은 없는데, 정녕 항우가 사람을 시켜서 비밀리에 쳐 죽이고 그 시체를 물에 던진 것일까? 이는 알 수 없는 일이다. 이에 글을 지어 회왕을 조문한다.

하늘이 법칙을 사람에게 주었으니, 누군들 사대四大: 하늘, 땅, 도, 왕이라는 네 가지 근본 오상五常: 인의예지신이라는 윤리이 높은 것을 모르겠는가. 중국이라서 사대 오상이 풍부하고 조선이라서 인색하지 않으니, 어찌 옛적에만 있고 지금은 없겠는가. 나는 조선 사람으로 천 년 뒤에 태어났지만, 삼가 글로 초 회왕을 조문한다.

옛날 조룡진시황이 전국을 통일할 때, 이빨과 뿔牙角을 멋대로 사용하듯 폭정을 일삼아서 세상이 피바다가 되었다. 이런 때에는 전유鱣鮪: 철갑상어와 다랑어로 매우 큰 물고기를 의미든 추애鰌鯢: 미꾸라지와 도롱뇽으로 작은 물고기를 의미든 스스로 자신을 보전해야만 한다. 해서 당시 육국六國의 후손들은 그물을 벗어나려고 멀리 도망가서 신분을 숨기고 평민으로 살았다.

남쪽 나라의 무장인 항양項梁: 초나라 최후의 명장 향연의 아들, 항우의 숙부은 앞서 난을 일으켰던 물고기와 여우魚狐: 진승과 오광에 이어 난을 일으켜서 왕위에 올랐다. 그러다 백성의 소망을 따라서 심을 데려와 끊어졌던 초나라 시조熊繹*의 제사를 다시 지내게 했다. 이로써 심은 천자가 되어 남면하게 되었다! 천하엔 초 나라 성인 미씨芈氏보다 높은 게 없었고, 장자長者: 유방를 관중關中으로 들어가게 하니 그 인의가 가득했다.

그런데 양흔낭탐羊狠狼貪: 항우를 비유이 마음대로 관군을 죽였으니! 어찌 천하를 정제하듯 도끼에 기름을 칠해서 그를 정벌하지 않은 것인가.

아아, 이는 형세가 그럴 수 없다는 것을 알고 두려워해서다. 은혜를 베풀었으나 도리어 해침을 당해 젓갈과 포가 되었으니 하늘의 운수가 정상이 아니었다. 하늘까지 우뚝 솟은 빈의 산 그림자는 해를 가렸고, 빈의 물은 밤낮으로 흘러가서 돌아올 줄 몰랐다.

천지가 오래되었다고 한들 어찌 한이 사라지겠는가. 그 넋이 지금도 떠돌고 있구나.

충성하는 내 마음이 쇠와 돌을 꿰뚫어서 초나라 회왕 심이 문득 내 꿈속에 나타난 것이다. 이에 주자의 필법을 본받고자, 떨리는 마음을 공손히 가라앉히고 술잔을 들어 땅에 술을 부어 제사 지내니, 바라건대 영령은 이 제사를 받으소서. _**연산 4년(1498) 7월 17일**

* 웅역(熊繹): 주성왕(周成王) 때 사람인데 초(楚)나라의 시봉조(始封祖)이다.

3-2. 포문을 연 유자광**

재기의 기회로 삼다

김종직의 제자인 김일손은 헌납獻納: 사간원의 정5품 관직이 되었으면 권세 있는 사람들과 어울리는 것을 삼가야 하는데 이들과 어울렸다. 또한 '이극돈과 성준이 간교한 술책으로 남을 모함하는데 이를 그냥 두면 당나라의 우牛·이李***처럼 세력을 결탁해서 당을 이룰 것이라는 내용의 상소를 올렸다. 이 일로 이극돈이 크게 분노하였다. 그 후 『성종실록』 편찬 때 이극돈이 실록청의 당상관을 맡았는데, 김일손의 사초에 자신의 악한 행동과 세조 조의 일이 기록된

** 유자광(柳子光): 1439년(세종 21)에 태어나서 세조, 예종, 성종, 연산군, 중종까지 다섯 임금을 모시며 두 번이나 공신으로 책봉되고 군(君)의 칭호까지 받았다. 영화를 누리다가 1512년(중종 7) 유배지에서 쓸쓸하게 생을 마쳤다. 사림을 탄압하고 비열한 방법으로 정치적 술수를 부린 소인에 간신이라는 부정적인 평가를 받고 있다.

*** 당(唐)나라 우승유(牛僧儒)·이종민(李宗閔). 우승유는 목종(穆宗) 때에 평장사(平章事)가 되었고 경종(敬宗) 때에 기장군공(奇章郡公)을 받았다. 이종민과 결탁하여 권세가 천하를 떨치니, 세상이 우·이(牛李)라 칭했다.

것을 알게 되었다.

이극돈은 원망하는 마음으로 복수하기 위해 총제관摠制官 어세겸魚世謙에게 말하기를, '김일손의 사초에 선왕을 무고하고 헐뜯는 내용이 있네. 신하로서 이런 일을 주상께 보고하지 않아서야 되겠는가. 내 생각으로는 그 사초를 봉하고 주상께 아뢴 후 처분을 기다리는 것이 우리에게 후환이 없을 것이네'라고 하였다. 놀란 어세겸은 아무 말도 하지 못했다.

몇 날이 지나고 이극돈은 이 내용을 유자광에게 알렸다. 이야기를 들은 유자광이 '이런 막중한 일에 어찌 머뭇거리는가'라고 팔을 내두르며 말했다. 그리고 즉시 노사신·윤필상·한치형을 만나서 세조께 받은 은혜를 잊어서는 안 된다는 말로 그들의 마음을 산 후, 김일손의 사초 내용을 말하였다. 유자광이 이렇게 한 것은 노사신과 윤필상은 세조에게 총애받은 신하였고, 한치형은 성종의 외당숙인수대비의 사촌동생이기에 반드시 자기를 따를 것이라 여겨서다. 세 사람은 유자광의 생각대로 뜻을 같이했다.

그리고 편전 앞의 차비문差備門으로 들어가 도승지 신수근愼守勤: 연산군의 처남이자 중종의 장인을 만났다. 그의 귀에 대고 한참 동안 비밀스럽게 말하고 바로 임금에게 이를 아뢨다. _ 연산 4년(1498) 7월 29일

이들을 중죄로 다스리소서

유자광이 김종직의 「조의제문」을 구절마다 풀어서 아뢰었다.

"김종직이 이처럼 도리가 아닌 말을 했으니 법으로 다스리소서. 이 문집과 판본은 다 태우고 간행한 자들을 죄로 다스리시길 청합니다."

임금이 전교하였다.

"어찌 이렇듯 마음 아픈 일이 있을 수 있단 말이냐. 논의하여 아뢰도록 하라." _ 연산 4년(1498) 7월 15일

3-3. 김일손의 사초를 가져오라

임금이 전교하였다.

"김일손의 사초史草: 실록·일기 등 역사 편찬의 첫번째 자료로서 사관이 매일 기록한 원고를 모두 궐내로 들여오라."

이에 실록청 당상 이극돈·유순·윤효손·안침이 아뢰었다.

"예로부터 임금이라도 사초는 보실 수 없습니다. 임금이 사초를 보면 사실을 그대로 기록할 수 없기 때문입니다."

임금이 전교하였다.

"즉시 빠짐없이 궐내로 들이라."

이극돈 등이 다시 아뢰었다.

"신들이 이미 사관史官: 역사서 편찬 및 국가 기록물 관리를 담당한 관리이 제출한 사초를 모두 받아 보았고, 김일손의 사초 내용도 알고 있습니다. 또한 신들은 나이가 많아서 선대의 일은 모르는 것이 없습니다. 해서 선대의 일을 그르게 기록한 김일손의 사초는 『실록』에 싣지 않았습니다. 그런데 지금 사초를 들이라 명하시니 신들은 무슨 일을 상고하시려고 이런 명을 내리신 것인지 모르겠습니다. 옛날부터 임금은 사초를 볼 수 없지만 종묘사직과 관련한 일이라면 상고하지 않을 수 없다고 했습니다. 신들이 필요한 곳만 뽑아서 올리겠습니다. 그러면 일을 자세히 살필 수 있고, 임금은 사초를 보지 않는다는 의에도 맞을 것입니다."

이에 임금이 '옳다'고 하자 이극돈 등이 김일손의 사초에서 6조목만 뽑아서 올렸다. 그러자 임금이 전교하기를 "왕실에 관해 쓴 것도 가져오라" 하였다. _ 연산 4년(1498) 7월 11일

3-4. 일촉즉발의 조정 분위기

임금이 전교하였다.

"일찍이 세조께서 김종직은 능력과 덕행이 부족하다고 말씀하신 적이 있었다. 그런데 이를 원망한 김종직이 불충한 글을 지어서 기롱비웃고 놀림하였다. 임금이 허물을 질책했다고 신하가 이렇게 하는 것이 옳은가! 재상들은 이를 염두에 두고 논의하라."

신료들이 의논할 때 윤필상이 김종직의 문집을 편집한 자를 국문해야 한다고 하자, 강귀손姜龜孫이 말하였다.

"만약 편집한 자가 그 글의 의미를 알고 한 것이라면 참으로 죄가 크지만, 알지 못하고 한 것이라면 어찌할 것인가?"

유자광이 말하였다.

"지금 그걸 따지고 있을 때인가. 어찌 이렇게 우물쭈물하는가?"

그래도 강귀손이 답하지 않자 유자광이 다시 말하였다.

"어째서 빨리 결정하지 않는 것인가?"

윤필상 등이 임금께 아뢰었다.

"신들이 김종직의 「조의제문」을 보았는데 그 의미를 알기 어려웠습니다. 그래서 김일손이 쓴 '충의로 일어난 분한 마음忠憤을 담았다'라는 말이 없었다면 해독하기 어려웠을 것입니다. 그 뜻을 알고도 간행했다면 죄가 크니 국문하소서."

강귀손이 아뢰었다.

"처음에 문집을 편집한 자도 국문해야 한다고 했을 때, 신이 '글의 뜻이 진실로 해독하기 어려우니, 만약 편집한 자가 그 뜻을 알고 했다면 죄가 있지만 알지 못하고 한 것이라면 어찌할 것인가?'라고 했습니다. 그러자 유자광이 '지금 그걸 따질 때인가, 어찌 우물쭈물하는가?', '왜 머뭇거리고 빨리 결정하지 않는가?'라고 했습니다. 송구하오나 신의 집에도 김종직의 문집이 있는데 신은 일찍이 그 내용은 봤지만 뜻을 이해하지는 못했습니다. 신은 이 문집을 조위曺偉가 편집하고 정석견鄭錫堅이 간행했다고 들었고, 이 두 사람은 신과 교분이 있습니다. 해서 신의 말은 이러했고 유자광의 말은 저러했던 것입니다. 유자광은 반드시 신이 조위 등을 비호한다고 의심할 것입니다. 그러니 신은 국문에 참여하기 어렵습니다. 청컨대 피하게 해주소서."

임금이 전교하였다. "편집한 자와 간행한 자도 국문하라."

이어 강귀손에게 전교하였다.

"유자광의 말 때문에 경이 피해서야 되겠는가?" _ 연산 4년(1498) 7월 16일

3-5. 김일손의 사초에 얽힌 비화

발단은 이극돈의 꼼수

임금이 홍사호洪士灝 등에게 김일손을 잡아 올 때의 상황을 자세히 써 오라고 명하였다.

홍사호 등이 올린 서계의 내용은 이러하다.

"김일손이 신들에게 구속당할 때 말하기를 '이는 반드시 『실록』 때문일 것이다'라고 했습니다. 신들이 '어째서 그렇게 생각하느냐?'라고 물었더니, 김일손이 답하기를 '내가 쓴 사초에 이극돈이 세조조에 불경佛經을 잘 외운 것으로 전라도 관찰사가 되었고, 성종조에는 정희왕후貞熹王后: 세조의 비의 상을 당했을 때 장흥 기생을 가까이했다는 내용을 기록했다. 이극돈이 이 내용을 삭제하고 싶어 했지만 뜻을 이루지 못했다. 지금 『실록』이 빨리 편찬되지 않는 것은 이극돈이 내가 왕과 관계된 일을 속속들이 기록했다고 핑계 대고 근거 없는 말을 날조해서 임금께 아뢰었기 때문이다. 내가 지금 잡혀가는 것이 사초 때문이라면 반드시 큰 옥사가 일어날 것이다. 그리고 이극돈의 아들 이세전李世銓이 이웃 고을의 수령이 되어 왔는데, 집안 형에게는 인사 가면서 나에게는 오지 않았다. 그러면서 형에게 〈김일손이 병을 얻었다고 들었는데 아직 죽지 않았소〉라고 말했다. 이극돈이 나를 원망하는 게 분명하다'라고 하였습니다." _ 연산 4년(1498) 7월 12일

이극돈은 행정 사무를 잘 처리했고 옛일을 자세히 알고 모든 일을 세심하게 생각했다. 관리로 가는 곳마다 업적이 있어서 한때 추앙되었다. 하지만 도량이 작고 성격이 까다로워서 털끝만큼 작은 일도 그냥 넘어가지 않고 파고들었다.

일찍이 『성종실록』을 수찬하면서 김일손이 자신의 악행을 쓴 것을 보고는 크게 원망하고, 세조조의 일에 결부시킨 후 유자광을 사주해서 이를 고발하게 했다. 그리고 매우 혹독하게 사림을 죽이고 귀양보냈다. 해서 그때 사람들은 무오사화의 최고 죄인은 이극돈이라 했다. _ 연산 9년(1503) 2월 27일, 이극돈 졸기 중

사관 김일손의 직필 1

유자광이 사초를 가지고 조목조목 따지며 심문하니, 김일손이 답하였다.

"사초에 '황보인과 김종서가 죽었다'라고 기록한 것은 신이 생각하기에 절개를 지켜서 죽었다고 여겼기 때문입니다. 소릉昭陵: 단

종의 어머니 현덕왕후 권씨의 묘을 파서 바닷가에 버렸다는 내용은 조문숙에게 들었고, 이개·최숙손이 나눈 말, 박팽년 등의 일, 김담이 하위지의 집에서 위태로운 나라의 관리는 되는 것이 아니라고 했던 말, 이윤인이 박팽년과 나누었던 말, 사육신의 난 때 세조가 이들의 재주를 애석하게 여겨서 살려 주려고 신숙주를 보내 설득했지만 모두 듣지 않아 죽임을 당했다는 말은 고故 진사進士 최맹한에게 들었습니다." _ 연산 4년(1498) 7월 12일

임금이 직접 글을 내려서 김일손에게 물었다.

"1. 네가 말한 『실록』은 무엇을 뜻한 것이냐? 『실록』이란 사실을 써야 하는데 너의 사초는 모두 거짓된 것이니, 어떻게 『실록』이라 말할 수 있겠느냐?

1. 세조 손에 죽은 정분鄭苯의 관을 승려 탄坦이 보호했다고 썼던데*, 그 의도가 무엇이냐?

1. 소릉의 복구를 청하고, 난신들이 절개를 지켜서 죽었다고 쓴

* 승려 탄이 정여창에게 세조 손에 죽은 정분에 관해 말했다. 하나는 정분의 시신을 자신이 수습했다는 것이고, 다른 하나는 그의 죽음에 얽힌 비화였다. 비화의 내용은 계유정난 때 세조가 교형을 명하자, 정분은 우는 아내에게 "나라의 명은 거역할 수 없다"라고 의연하게 말했고, 형을 감독하러 온 관리가 집행을 다음 날로 미루고 구금하려고 하자 정분이 "이 자리에서 죽겠다" 하고는 목을 매기 직전 "내게 두 마음이 있다면 내가 죽은 뒤에 날씨가 맑을 것이고, 그렇지 않다면 천변이 일 것이다"라고 결기 있게 말했는데, 그가 죽자 큰 비가 내렸다는 것이다(연산 4년 7월 19일). 이 내용을 김일손이 사초에 기록했다.

것은 네가 왕실에 반하는 마음을 가져서다.

1. 세조께서 중흥의 대업을 이루셨다. 그 공덕은 천지보다 크고 자손들이 이를 계승해서 지금까지 이어지고 있다. 너는 가슴에 반심을 품고 있으면서 어찌 우리 조정에 출사한 것이냐?"

윤필상 등이 어서의 내용을 가지고 국문하니, 김일손이 답했다.

"신이 사초에 기록한 세조조의 일은 허반·정여창·최맹한·이종준에게 들은 것인데, 이들 모두 믿을 만한 자들이기에 사실이라 생각하고 쓴 것입니다. 한낱 서생에 불과한 신에게 성종께서는 후한 은혜를 내리셨습니다. 성상께서 즉위하신 후에도 큰 영광을 입었는데 신에게 어찌 반심이 있겠습니까.

소릉의 복구를 청한 것과 난신이 절개를 지켜서 죽었다고 쓴 것은, 황보인·김종서·정분 등이 두 마음을 갖지 않고 임금을 섬겼기 때문입니다. 이는 제왕으로서 마땅히 추앙하고 권장할 일이기에 정분을 고려왕조의 정몽주에 비하였고, 황보인·김종서도 절개를 지키다 죽었다고 쓴 것입니다.

세조께서는 영웅호걸이신 임금으로 나라의 혼란을 평정하고 중흥을 이룩하셨고, 성종 대왕께서는 영특하고 기상이 뛰어난 임금으로 나라를 지키셨고, 전하께서는 성종의 업을 계승하셨기에 오늘날 사람들이 모두 조정에 서고자 합니다. 정성을 다해 조정에서 일하다가 죽겠다는 것이 신의 마음입니다." _ 연산 4년(1498) 7월 13일

사관 김일손의 직필 2

김일손의 공초 내용은 이러하다.

"'노산군의 시체를 숲속에 버린 지 한 달이 지나도록 염습하는 사람이 없어서 까마귀와 솔개가 날아와서 쪼았다. 밤에 한 사내가 시신을 짊어지고 달아났는데, 시신을 물에 던졌는지 불에 던졌는지 알 수 없다'라고 쓴 것은 최맹한에게 들은 내용입니다. 신이 이를 기록하고 이어서 '김종직이 과거를 보기 전에 꿈꾸고는 느낀 바가 있어서 「조의제문」을 지어 충분을 담았다'라고 썼습니다." _ 연산 4년(1498) 7월 13일

3-6. 이는 노산군(단종)을 위한 글이다!

임금이 전지를 내렸다.

"김종직은 초야의 미천한 선비로 세조조에 과거에 합격했고, 성종조에서는 오래도록 경연관으로 임금을 모시다가 후에는 형조판서에 올랐다. 병들어 조정에서 물러나기를 청하자 성종께서 소재지의 수령으로 삼고 특별히 곡식을 내려 주어 평안하게 살다가 죽게 하였다. 이렇게 임금에게 받은 은총이 큰데, 그 제자 김일손은 도리에 맞지 않은 터무니없는 말로 선왕조의 일을 기록하고 스승 김종직의 「조의제문」을 사초에 실었다."

임금이 전교하였다.

"「조의제문」의 내용 중 '조룡이 아각을 농했다'는 진시황이 전국을 통일할 때, 조룡이 이빨과 뿔牙角을 멋대로 사용하듯 폭정을 일삼아서 세상이 피바다가 되었다는 것으로, 김종직은 진시황을 세조에 비유한 것이다. '왕위를 얻되 백성의 소망을 따랐다'라고 것은 초 회왕의 손자 심을 뜻하는데, 항량이 진나라를 친 후에 심을 찾아내서 의제로 삼았으니, 김종직은 의제를 노산군에 비유한 것이다.

'양흔낭탐羊狠狼貪하여 관군을 함부로 죽였다'라고 했는데, 양처럼 제멋대로고 승냥이처럼 탐욕스럽다는 것은 항우를 가리킨다. 이는 김종직이 세조를 양흔낭탐에 비유해서 항우가 관군을 죽인 것처럼 김종서를 벤 것이라고 말한 것이다.

'어찌 도끼에 기름칠을 안 했느냐'라고 했는데, 이는 노산군이 세조를 제압하지 못한 것을 말한 것이다. 그 '반서를 입어서 해석이 되었다'라는 것은 회왕이 은혜를 베풀었으나 도리어 해침을 당해 젓갈과 포가 됐다는 것으로, 이는 노산군이 세조를 못 잡아서 도리어 세조에게 죽임을 당했다는 뜻이다. '자양은 노필을 따르니, 생각이 진돈하여 흠흠하다'라는 것은 김종직이 주자를 자처해서 제문을 짓고, 이를 주자가 『강목』綱目을 지은 것에 비유한 것이다. 그리고 김일손은 이 제문을 칭송하는 글贊을 붙이고 '충의로 일어난 분한 마음忠憤을 담았다'라고 하였다.

국가가 위태로울 즈음에 간신들이 반란을 꾀해 재앙이 나라에 드리워지자 우리 세조대왕께서는 역적의 무리를 베어서 종묘사직을 다시 편안하게 하셨다. 그 자손이 계승하여 오늘에 이르렀으니 공이 높고 크며 덕은 왕 중에 가장 뛰어나시다.

그런데 뜻밖에 김종직과 그의 문도들이 임금의 덕을 조롱하는 글을 쓰고, 김일손은 글로 무고誣書: 없는 일을 꾸며냄해서 역사에 남기려 했다. 이것이 오늘날 갑자기 생긴 일이겠는가. 이는 신하의 도리에 어긋나는 마음을 남몰래 품고 3대를 모신 것이다. 이를 생각하면 나는 지금도 몸이 떨린다. 동·서반 3품 이상과 대간·홍문관은 죄인들에게 내릴 형벌을 의논하여 아뢰라."

임금이 집의 이유청 등과 사간 민수복의 논의를 본 후 윤필상 등에게 내보이며 말하였다.

"김종직의 대역죄가 이미 드러났는데도 이런 논의를 했다는 것은 이들을 감싸 주고 보호하려는 것이다. 어찌 이같이 통탄스러운 일이 있을 수 있단 말인가. 이들을 잡아다가 형장으로 심문하라."

이때 여러 재상과 대간, 홍문관 권원이 모두 자리에 있었는데 갑자기 나장羅將: 병조의 하급직 십여 명이 쇠줄을 가지고 일제히 달려들었다. 이에 재상과 관리 중에서 놀라지 않은 사람이 없었다. 이유청 등은 형장 30대를 받았는데 모두 다른 마음이 없음을 공초供招: 조선 시대에, 죄인이 범죄 사실을 진술하던 일하였다. _ 연산 4년(1498) 7월 17일

3-7. 김일손 등 5명의 목을 베라

임금이 전교하였다.

"김일손 등을 벨 때 문무백관은 모두 직접 가서 형이 집행되는 것을 보라. 옛사람은 지진이 임금의 실덕 때문에 생긴다고 했다. 하지만 최근 경상도와 제천 등에서 일어난 지진은 이 무리 때문에 생긴 것이다. 유생은 성균관과 사학四學에 있으면서 옛글만 보고 조정의 법을 알지 못해 이 같은 비방이 일어난 것이다. 글을 아는 자가 이 지경이라면 이는 학식이 없는 사람만도 못한 것이다. 죄인은 그 죄에 합당한 벌을 받아야 한다. 이 뜻으로 노사신에게 물으라." _ 연산 4년(1498) 7월 26일

김일손 등을 벤 것을 종묘사직에 고하고 백관의 하례를 받은 후 중외에 사면령을 반포하였다.

"삼가 생각건대, 우리 세조대왕께서는 신묘한 무예와 용맹스러운 자질을 갖추셨다. 많은 간신의 손에 나라가 위태로움에 빠졌을

때 슬기로운 기지와 결단으로 화란을 평정하셨다. 이에 천명과 민심이 세조에게 돌아왔으니, 성스러운 덕과 신묘한 공은 백왕의 으뜸이시다. 조종에 빛을 더하셨고 국가의 대계를 이루어 자자손손 아름답게 이어졌다.

그런데 뜻밖에 간신 김종직이 불측한 마음을 가지고 무리와 결탁해서 흉악한 꾀를 행하려고 한 지 오래되었다. 김종직은 항우가 초나라 회왕 심을 시해한 것을 들어 글로 세조를 헐뜯었다. 이런 악은 절대 용서받을 수 없는 불경이기에 대역죄로 논단해서 부관참시하였다.

그 도당인 김일손·권오복·권경유는 간사하고 추악한 붕당을 만들고 같은 마음으로 그 글을 칭찬하였고, 감히 충의로 분한 마음이 일어난 것이라고 사초에 쓰고 「조의제문」을 영원히 기록에 남기려고 했다. 그 죄가 김종직과 같기에 능지처사하였다.

이목·허반·강겸은 선왕의 일을 거짓으로 꾸며서 사초에 썼다. 이목·허반은 참형에 처하고, 강겸은 곤장 1백 대를 때리고 종으로 삼아 변경으로 내치고 재산을 몰수했노라." _ 연산 4년(1498) 7월 27일

3-8. 이들의 사초를 불태우라

임금이 실록청에 전교하였다.

"김종직·권오복·김일손·권경유 등의 사초는 다 불살라 버리라." _ 연산 4년(1498) 7월 28일

四 • 갑자사화 1 ― 지옥문을 연 연산

4-1. 사사건건 능멸이라 트집 잡는 임금

임금이 전교하였다.

"별감別監: 중인 중 체아직 잡직에 속한 관원을 때린 군사는 의금부로 옮겨 국문하고, 별감은 가두지 말라."

이어 정승과 의금부에 전교하였다.

"별감이 이유 없이 북 치는 것을 금한 것이 아니다. 지금 원인 모를 병에 걸린 아기[阿只]*를 훈련원 근처로 옮겨 치료 중이다. 아픈 아기가 겨우 잠들었기에 북소리에 깰까 봐 별감이 북 치는 것을 금한 것이다. 이 때문에 북 치는 사람과 다투었는데 활 쏘는 관원은 어찌하여 별감을 때린 것이냐. 별감은 삼릉패三稜牌: 대궐을 드나들 수 있도록 병조에서 교부한 세모진 표를 차고 있어서 누구도 별감임을 모를 수 없는데, 어찌 이런 일이 생길 수 있단 말이냐? 이는 위를

* '아기'는 둘째 대군 인수(仁壽)를 말하는 것 같다. 같은 해 10월 18일 기사에 둘째 대군이 죽었다는 내용이 있다.

능멸해서다. 형조는 이런 상황을 알고 국문하라." _ 연산 9년(1503) 6월 21일

임금이 전교하였다.

"조정의 신하들이 자기들끼리 벌이는 잔치에서는 즐겁기 짝이 없으면서 임금이 하사한 잔치에서는 술을 마시지 않는 경우가 있다. 또 예 행하기를 꺼려서 참석하지 않는 경우도 있다. 이는 위를 능멸하는 풍습으로 매우 옳지 않다. 사헌부는 이를 조사하라." _ 연산 9년(1503) 12월 16일

4-2. 용포에 술을 쏟은 이세좌

임금이 인정전仁政殿으로 납시어 양로연養老宴*을 베푼 후 전교하였다.

"오늘 내게 잔을 올린 재상들에게 술을 내렸는데, 이때 술을 반 이상이나 엎지른 재상이 있었다. 이 일을 어찌 생각하느냐?"

승정원에서 아뢰었다.

"만약 엎질렀다면 매우 공손하지 못한 일입니다. 신하로서 어찌 이런 일이 있겠습니까?"

임금이 전교하였다.

"내가 예조판서 이세좌李世佐에게 술을 내릴 때, 내가 잔대를 잡고 있는데도 불구하고 반 넘게 술을 엎질러서 내 옷까지 적셨다. 국문하도록 하라." _ 연산 9년(1503) 9월 11일

* 양로연은 조선 시대 나라에서 노인을 공경하고 풍습을 바로하기 위해 베푼 잔치이다. 해마다 9월에 베풀었는데 여든 살 이상의 노인들이 참석하였다.

임금이 전교하였다.

"이세좌가 하사하는 술을 엎질러서 내 옷을 적셨을 뿐만 아니라 술이 바닥까지 흘러내려 오래도록 마르지 않았다. 원래 재상의 작은 과실은 용서해 주는 것이지만 이번 일은 심히 불경하기에 그냥 둘 수 없다. 더구나 이세좌는 예를 담당하는 관리로서 어찌 이런 행동을 할 수 있단 말이냐?"

승정원이 죄인을 심문하라는 전지傳旨를 써 올리자 임금이 전교하였다.

"전지에다 '소리가 나도록 엎질러서 어의까지 적셨다'라는 말을 추가하라." _ 연산 9년(1503) 9월 12일

4-3. 신하들의 비호에 더 분노하다

임금이 전교하였다.

"이세좌가 자신의 죄를 진술한 것에 의하면 '원래 숨을 헐떡이고 살이 쪄서 몸놀림이 빠르지 못한데 너무 공경하고 조심하려다가 술이 쏟아지는 것도 몰랐다'라고 했다. 하지만 이 말은 사실이 아니다."

이에 승지 허집 등이 아뢰었다.

"동료 사이에도 이럴 수 없는데 어찌 하사주를 마시지 않으려고 일부러 엎질렀겠습니까?" _ 연산 9년(1503) 9월 16일

임금이 윤필상·성준·이극균·유순에게 전교하였다.

"경들도 이세좌의 일은 들었을 것이다. 만일 이세좌가 술을 잘 마시지 못한다면 양로연 날 술을 하사받을 때 조금씩 마셨으면 된다. 그런데 그렇게 하지 않고 임금의 옷에다 엎질렀으니, 이는 옳지 못한 행동이다. 좌의정과 허침은 술을 잘마시지 못하지만 다

마셨다. 그리고 이세좌가 원래 술을 잘 마시지 못한다고 해도 좌의정 정도는 아니다. 더욱이 공경하고 조심하다가 그렇게 된 줄 몰랐다고 했는데 이 또한 사실이 아니다. 대신을 죄줄 수 없기에 그 직만 갈게 했는데 경들의 의견은 어떠한가?"

윤필상 등이 아뢰었다.

"성상의 말씀이 지당하십니다. 그러나 이세좌는 술을 잘 마시지 못하고 또 성상의 위엄에 황공스러워서 자기 딴에는 빨리 마시려다 모르고 그렇게 된 것입니다. 잔치를 파한 뒤에 이세좌가 '내가 평소에는 술을 못 마시는데, 오늘은 전하께서 주신 술을 다 마셨다'라고 자랑 삼아 말해서 신들이 웃었습니다. 나중에 전교를 듣고서야 이세좌가 실례한 것을 알았습니다. 만일 이세좌가 일부러 술을 엎질렀다면 어찌 다른 사람들에게 자랑했겠습니까? 이것만 보더라도 이세좌는 그렇게 된 것을 몰랐던 것입니다."

이에 임금이 전교하였다.

"몰랐다고 하더라도 매우 그른 일이다." _ 연산 9년(1503) 9월 16일

4-4 한잔 술의 작은 허물이 아니다

임금이 육조와 한성부 당상들을 불러서 전교하였다.

"선왕께서 잔치를 벌였을 때, 이계동이 옥좌 가까이에 앉아서 기생에게 과일을 던져 희롱한 일도 대간의 탄핵을 받았다. 그런데 이세좌는 옥좌 앞에서 임금이 하사한 술을 엎질렀으니, 교만 방종하고 공손하지 못한 것이 이계동보다 심하다. 그런데 대간 중 어느 한 사람 그 잘못을 말하지 않고 있다. 이는 이세좌의 아들 이수의李守義가 한림翰林*으로 있고, 이수정李守貞은 홍문관 관원이기에 그 세력을 무서워해서다. 이수의 등이 청요직淸要職**에 있는 것은 옳지 않으니 교체하라. 또 대간 중 누구도 이세좌의 죄를 다시 논해야 한다고 일언반구 입도 뻥끗하지 않는다. 이 역시 죄주어야

* 한림은 예문관 참외관으로 춘추관(春秋館) 기사관(記事官)을 겸임한 봉교(奉敎), 대교(待敎), 검열(檢閱)의 별칭.

** 청요직은 청환(淸宦)과 요직(要職)을 합친 말. 학식과 문벌이 높은 사람에게 시키던 규장각, 홍문관의 벼슬로 지위와 봉록은 높지 않으나 뒤에 높이 될 자리다.

마땅한지 의논해서 아뢰도록 하라."

이세좌 일을 의논한 것을 보고 임금이 전교하였다.

"김응기 등의 의논을 보면 '이세좌가 지극히 공경하고 조심하느라 술이 쏟아진 것을 몰랐다'라고 했는데, 이 말은 개인적인 친분 때문에 하는 말이다. 또 대간은 임금의 말과 행동에 대해서는 책망을 쉽게 하면서 같은 신하의 일에 대해서는 비판하기를 어려워한다. 이는 훗날 탄핵당한 신하의 자제들이 아비의 일을 빌미로 자신들을 공격할까 두려워 말하지 않는 것이다. 내가 이런 상황을 알지만 대간의 말에 죄줄 수 없기에 서반西班 직으로 강등하여 그 죄를 대신하게 했다.

이 일을 두고 무식한 자들은 반드시 '한잔 술의 작은 허물로 이렇게까지 할 일인가?'라고 말할 것이다. 하지만 의정부와 육조가 모두 모여 의논한 후에 대간의 직을 바꾼 것이니, 누가 문제 삼을 수 있겠느냐. 죄란 중한 것 같은데 실상 경한 것이 있고, 경한 것 같은데 중한 것도 있다. 이번 일은 경한 것 같으나 실상은 중한 것이다.

『서경』書經***에 이르기를 '과오나 재변 때문이라면 용서해 주고,

*** 오경(五經) 중의 하나로, 중국 상고(上古)시대의 정치를 기록한 책이다. 고대에도 사관이 있어서 나라 안에서 일어나는 모든 정치적 상황이나 사회 변동 그리고 문물제도 등을 낱낱이 기록하였다. 서(書)에 왕조(王朝)의 이름을 넣어 우서(虞書)·하서(夏書) 등으로도 불린다.

믿었는데 다시 죄를 지으면 죽이는 형을 내리며, 과실은 큰 것이라도 용서해 줘야 하지만 알고도 지은 죄는 작은 것도 벌줘야 한다'라고 했다. 이번 것은 작은 일이지만 알고도 지은 죄이기에 벌주는 것이다.

대신은 어린 임금한테도 이런 행동을 해선 안 된다. 옛날 주나라 성왕成王이 어렸을 때, 주공周公은 성왕을 업고 보필했다. 한데 지금 신하들은 임금이 어리다고 어찌 이렇듯 불경할 수 있단 말이냐? 이세좌가 제 집안의 세력을 믿고 교만 방종한데도 정승들의 의논이 하나같이 이 지경이니, 그의 아들 이수형李守亨은 얼마나 기뻐하겠느냐. 이수형의 직도 교체하라."

윤필상 등이 아뢰었다.

"신들이 잘못 생각해서 처음에는 이세좌가 본래 술을 잘 마시지 못하기에 모르는 중에 엎질렀다고 여겼습니다. 그러다 성상의 전교를 여러 번 받고서야 이세좌의 무례가 크다는 것을 알았습니다. 신들이 처음에 죄주기를 청하지 않았으니 황공하기 이를 데 없습니다. 이세좌의 죄를 중한 법으로 다스리소서."

이를 들은 임금이 전교하였다.

"이계동을 유배했던 예에 따라 이세좌를 농가가 없는 척박한 고을로 귀양 보내라."

이어서 또 전교하였다.

"생각이 깊은 사람을 대간으로 삼아야 한다. 그런데 지금의 대간은 논해야 할 것은 논하지 않고 논하지 않아도 될 것은 논하고 있다. 대간이라고 해서 다 같지는 않겠지만 그중에 사사로운 감정으로 공격하는 자가 있어서 그 영향이 재상에게까지 미치니, 어쩌면 좋단 말이냐? 이런 풍속이 깊어지면 고질이 되니 시초에 바로잡아야겠다." _ 연산 9년(1503) 9월 19일

4-5. 이세좌의 유배와 석방

이세좌를 전라도 무안현務安縣으로 유배 보내다. _ 연산 9년(1503) 9월 20일

임금이 손수 글을 써서 명하였다.

"이세좌가 유배지에 이르는 날짜를 자세히 아뢰라. 이세좌를 데리고 가는 관원이 마음을 써서 독촉하지 않을 것이 분명하니, 서울을 떠나는 날짜도 함께 아뢰라. 혹시라도 지체해서 늦게 도착하면 중한 죄로 논할 것이다." _ 연산 9년(1503) 9월 21일

임금이 손수 글을 써서 명하였다.

"이세좌의 죄를 정한 지 얼마 되지 않았기에 지금 놓아준다면 너무 빨리 용서하는 것 같다. 하지만 이세좌는 나이 많고 학식 있는 신하이고 스스로 자신을 징계했을 것이다. 또한 지금은 은혜를 베풀어야 할 때할머니 인수대비가 크게 아픈 상황이기에 특별히 놓아준

다.” _ 연산 10년(1504) 1월 11일

사면받은 이세좌가 유배지에서 돌아왔다. 성상의 은혜를 감사히 여겨 창덕궁 남쪽의 단봉문丹鳳門 밖에서 사례하였다.

임금이 전교하였다.

“험난한 만 리 길을 와서 궐문 밖에서 사은하니 아직도 충성심이 있다.”

그리고 술을 하사하며 말하였다.

“이것은 네가 전에 잔을 기울여 쏟은 술이다.”

이에 이세좌가 울면서 사례하였다. _ 연산 10년(1504) 3월 3일

4-6. 불씨에 기름을 부은 홍귀달

무엄한 말 한마디

임금이 전교하였다.

"간택할 것이니, 예조는 양반의 양첩良妾: 양민의 신분으로 첩이 된 여자과 양민의 여식 중 15세에서 30세까지의 딸들을 조사해서 보고하라." _ 연산 10년(1504) 2월 21일

경기 관찰사 홍귀달이 아뢰었다.

"신의 자식 참봉參奉: 종9품 관직 홍언국洪彦國의 딸은 신의 집에서 자랐습니다. 처녀이므로 입궐해야 하지만 병이 있기에 신이 아들에게 입궐하지 못하는 사유를 고하라고 했습니다. 그런데 관사에서 언국을 국문했습니다. 손녀에게 병이 없다면 신이 어찌 입궐을 꺼리겠습니까? 전하께서 지금 바로 예궐하라 하셔도 입궐시킬 수는 없습니다. 홍언국의 딸이지만 신이 집안의 가장이기에 처벌을 기다리고 있습니다."

임금이 전교하였다.

"홍언국을 국문하면 진실 여부를 알게 될 것이다. 아비가 자식을 위해 구원하고 아들이 아비를 위해 구원하는 것은 불가한 일이다. 홍귀달도 함께 국문하라."

이어 승정원에 전교하기를 "홍귀달의 아뢴 말이 옳으냐, 그르냐? 이런 말을 나에게 올린 승정원도 국문하라" 하였다.

승지 박열 등이 아뢰었다.

"대신이 아뢰는 말이라 막을 수 없었습니다." _ 연산 10년(1504) 3월 11일

누가 지금 입궐하라 했더냐!

임금이 홍귀달에게 전교하였다.

"누가 지금 네 손녀를 입궐하라 했느냐? 어찌 이리 도리에 어긋난 말을 한단 말이냐? 불경함이 이세좌가 하사주를 쏟아 버린 것과 같다. 이런 마음을 가지고서 어찌 관찰사의 소임을 다할 수 있겠느냐? 홍귀달의 직첩을 거두라. 도승지는 승정원의 수장인데 홍귀달의 말이 불경한데도 위에 아뢰었다. 대신이 아뢰는 말을 막을 수는 없다 하더라도 죄는 청할 수 있는데 하지 않았다. 따로 전지를 만들어서 국문하라."

이에 승지 이계맹이 아뢰었다.

"승지들이 국문을 받아야 해서 전지를 올린 승지가 없습니다."

임금이 승정원에 전교하였다.

“홍귀달은 대신으로 백관이 본받는 사람인데 불경한 말을 아뢰었다. 대신은 늘 마음을 경계하고 조심해서 선비들이 본받도록 해야 한다. 그런데 위를 업신여기는 것이 이세좌와 같다. 승지들은 이를 어찌 생각하느냐?"

승지 성세순·이의손·강징이 아뢰었다.

“홍귀달이 제 지위를 믿고 그런 불경한 말을 한 것인지 그 마음은 알지 못하겠습니다. 그러나 그의 말은 옳지 않습니다.”

임금이 사헌부 대사헌 이자건 등을 불러서 홍귀달이 아뢴 사연을 알리고 말하였다.

“홍귀달의 말이 매우 불경하다. 이는 오직 위를 업신여기는 마음에서 나온 것이다. 사헌부의 의견은 어떠한가?”

이자건 등이 아뢰었다.

“홍귀달은 아들이 죄를 입을까 두려워서 구원하려고 말했을 것입니다. 하지만 ‘곧 예궐하라고 명하시더라도 입궐할 수 없습니다’라는 말은 지극히 불경합니다. 지금 전교를 듣고 신들은 그저 놀랄 뿐입니다.” _ 연산 10년(1504) 3월 11일

4-7. 홍귀달을 내쫓아라

목에 칼을 채우라

임금이 전교하였다.

“군신의 도리는 엄히 해야 한다. 그렇지 않으면 상하가 문란해져서 오랑캐와 같아진다. 그러므로 자주 전교와 전지를 내려 폐해가 되는 풍습을 없애려고 했는데 고쳐지지 않은 채로 오늘에 이르렀다.

전일 이세좌가 하사주를 쏟아서 나의 옷을 적시기까지 했는데 이는 불경을 저지른 것이다. 신하로서 불경보다 큰 죄가 있는가? 이세좌에게 이미 벌은 주었지만, 대간이라면 당연히 이세좌를 탄핵했어야 한다. 그런데 그의 집안 세력을 두려워해서 다들 입을 다물었다. 대간만 이런 것이 아니다. 재상 중 누구 한 사람 말하는 자가 없었다. 이렇게 대간이나 재상들이 서로 붕당을 만들고 임금을 고립시키니, 이를 고치지 않는다면 유구한 왕업은 장차 쇠하고 말 것이다.

앞서 무오년1498년 연산군 4년에 김일손 등 붕당의 무리가 중한 벌을 받았었다. 신하라면 앞 수레가 엎어진 것을 본 것처럼 그때의 일을 거울 삼아야 한다. 그런데 아직도 이런 폐습이 남아 있으니 없애지 않을 수 없다. 이는 물이 터지지 않았을 때는 둑을 쌓아서 넘치는 것을 막을 수 있지만 물이 넘친 뒤에는 막을 수 없는 것과 같은 것이다.

옛말에 '앞에서는 따르고 물러가서는 뒷말하지 말라'爾無面從 退有後言는 말이 있다.* 재상들이 항상 임금 앞에서는 '임금의 명은 죽어도 피할 수 없다' 하고 물러가서는 말과 다르게 행동한다면 어찌 되겠느냐?

이번에 홍귀달이 불경한 말을 한 것은 앞서 이세좌가 공경스럽지 못한 죄를 범했을 때 중한 죄로 다스리지 않았기 때문이다. 이렇듯 도리에 어긋나고 순리를 거스르는 말은 친구 간에도 해선 안 된다. 그런데 하물며 임금에게 어찌 이럴 수 있단 말이냐? 국문하라." _ 연산 10년(1504) 3월 11일

임금이 전교하였다.

"홍귀달의 심문이 왜 이렇게 늦어지는 것이냐? 필시 그가 재상이라서 봐주기 때문일 것이다. 의금부 당상을 불러서 이 또한 위

* 『신당서』(新唐書), 권 97, 열전 제22, 「위징전」(魏徵傳)

를 업신여기는 풍습이라 말하라. 또 이미 홍귀달의 직첩을 거두었으니 재상의 예를 지켜 줄 필요도 없다. 옥에서는 목에 칼을 채우라." _ 연산 10년(1504) 3월 13일

재상의 체면 따위 무시하라

의금부가 아뢰었다.

"홍귀달의 죄는 참대시斬待時**에 해당합니다."

임금이 전교하였다.

"사형을 감하여 곤장으로 대신하고, 유배를 보내라."

이어서 임금이 전교하였다.

"재상이 귀양 갈 때는 낭청郞廳: 각 관서의 당하관이 죄인을 데려가는 것이 전례이다. 가벼운 죄를 범했다면 전례대로 해도 되지만 홍귀달처럼 분한 마음을 품고 말이 공손하지 못한 불경죄는 무거운 죄다. 낭청이 데려가면 재상의 체면이 서는 것이니 옥졸이 압송하는 게 어떠한가?"

지의금부사 이계동 등이 아뢰었다.

"앞으로 이런 죄인은 옥졸이 데려가는 것을 영구한 법으로 하소서."

** 참대시는 즉시 참형(斬刑)에 처하지 않고 추분(秋分) 때까지 기다려서 참형을 집행하는 것을 말한다. 대역죄나 강상죄 이외의 죄는 춘분(春分)에서 추분까지 만물이 생장하는 시기를 피해서 형을 집행한다.

임금이 전교하기를 "이세좌 같은 자 또한 옥졸이 데려가게 하라" 하였다. _ 연산 10년(1504) 3월 13일

가장 먼 곳으로 유배 보내라

임금이 이계동 등에게 전교하였다.

"이세좌가 대신으로서 불경죄를 범했으니 재상들은 이를 경계로 삼아야 한다. 그런데 홍귀달이 제 아들을 비호하려고 불경한 말로 위를 능멸했다. 홍귀달은 학문을 알아서 한때는 선비의 표상으로 여겨졌는데 그런 사람이 사리를 모르겠는가? 그런데도 말의 불경함이 이 지경에 이르렀기에 죄를 준 것이다. 홍귀달은 선대왕을 섬겼고 직위가 재상에 이르렀다. 그런 신하한테 벌주는 내 마음인들 편하겠는가? 나는 대신을 존중하는데 대신은 이런 내 마음을 알지 못하고 업신여기니, 위를 능멸하는 풍습을 고치기 위해서 그를 용서하지 않는 것이다. 유배지를 써서 아뢰라."

의금부에서 경원慶源·강계江界·삭주朔州 세 고을을 써서 아뢰니 임금이 전교하였다.

"세 고을로 가는 데 얼마나 걸리는가?"

의금부가 아뢰었다.

"경원은 19일, 강계는 15일, 삭주는 11일 거리입니다."

"경원으로 유배하라." _ 연산 10년(1504) 3월 13일

4-8. 다시 소환된 이세좌

임금이 전교하였다.

"내가 스스로 높이고 싶어서 하는 말이 아니다. 신하의 죄는 불경보다 큰 것이 없고 군신 사이의 도리는 엄히 해야 한다. 임금과 신하는 각자 자신의 도리를 알고 이를 성심껏 다해야 한다. 만일 임금과 신하가 자기 분수에 맞는 도리를 다하지 못한다면 무슨 일이 바로 설 수 있겠느냐? 『서경』書經에서 말하기를, '공공共工*을 유주幽州로 귀양 보냈다'라고 했다. 이는 불경죄를 범한 자한테는 당연히 법이 이렇게 적용되어야 한다는 뜻이다. 그래서 전에 이세좌를 먼 곳으로 귀양 보냈었다. 이번에도 이세좌를 사람이 적고 척박한 곳으로 내쫓는 것이 마땅하기에 유배지를 의논하라고 했다. 한데 어찌 아뢰는 말이 이리 늦는가?"

* 순(舜) 임금 때 사흉(四凶) 중 한 명. 『서경』「순전」(舜典)에 "환도(驩兜)와 삼묘(三苗)를 찬축(竄逐)하고 곤(鯀)을 베고 공공을 유주(幽州)로 유배하였다" 하였는데, 이들이 대대로 벼슬하며 세력을 형성해서 명령에 복종하지 않았기 때문이다.

윤필상 등이 강원도 영월을 써서 아뢰니, 임금이 "아뢴 대로 하라" 하였다. _ 연산 10년(1504) 3월 11일

임금이 승정원에 전교하였다.

"뒤에 큰 사면령을 내릴 때도 이세좌는 용서하지 말라." _ 연산 10년(1504) 3월 12일

4-9. 이세좌를 탄핵하지 않은 자 옥에 가두라

임금이 승정원에 물었다.

"나도 대간을 옥에 가두는 것이 그르다는 것은 안다. 더욱이 대간의 말이 듣기 싫어서 내가 이들을 옥에 가두었다면 이는 옳지 않다. 전에 이세좌가 불경한 죄를 지었을 때 대간이 이를 논박하지 않아서 품계를 낮추었다. 그런데 지금 이세좌가 방면되어 왔는데도 대간은 이 역시 논박하지 않고 있다. 이는 이세좌의 집안을 두려워한 것이기에 대간을 가둔 것이다. 그래야 이후에 자기 집안의 세력을 믿어서 불경하고 간교하게 구는 대신이 있다면 대간들이 이세좌를 경계 삼아 두려워하지 않고 간흉한 대신을 논박할 것이다. 승정원의 의견은 어떠한가?"

승지들이 아뢰었다.

"대간의 일은 원래 임금과 신하를 논박하는 것이기에 말이 지나치더라도 용납해야 합니다. 하지만 이번 일은 대간이 매우 잘못했으니 가두는 것이 마땅합니다." _ 연산 10년(1504) 3월 12일 임금이 사헌부에 전지를 내렸다.

"이세좌가 불경죄를 범했을 때 정부와 육조의 당상과 승지들은 죄가 가벼운지 아닌지를 논박하지 않았다. 또한 이세좌가 풀려나서 돌아올 때도 그의 죄를 용서해선 안 된다고 말하지 않았다. 다 국문하라." _ 연산 10년(1504) 3월 15일

4-10. 불경죄의 원흉, 이세좌의 머리를 베라

곤장을 때리라

의금부 경력經歷: 고려 말부터 조선 시대에 걸친 주요 부서의 실무를 담당한 종4품 관직 박기朴基를 시켜 이세좌를 다시 잡아오게 했다. 그리고 승지 박열과 지의금부사 김수동을 시켜서 성 밖에서 곤장 치는 것을 감독하게 하였다.

이어 임금이 전교하였다.

"내가 곤장 때리는 것이 그른 줄 안다. 그러나 지금 불경한 자가 있는 것이 모두 너 때문이기에 이렇게 죄주는 것이다." _ 연산 10년 (1504) 3월 16일

사사하라

임금이 의정부에 전지를 내렸다.

"위를 업신여기는 풍습이 아직 사라지지 않았다. 이세좌는 선왕 때에는 왕비가 폐위되고 죽임당하는 큰일을 보고서도 힘써 막지

않았다. 오늘에 이르러 나이와 지위가 모두 높아지자 나날이 교만방자해져 감히 내가 주는 술을 쏟아 버리고 마시지 않았다. 이세좌를 사사해서 임금에게 교만하게 군 자들의 경계로 삼게 하라." _ 연산 10년(1504) 3월 30일

죽으면서도 기세를 꺾지 않다니! 머리를 베라

의금부도사 안처직이 와서 아뢰었다.

"신이 이달 4일 동틀 무렵 곤양군昆陽郡: 경남 사천 지역의 옛 지명 양포역良浦驛: 하동에서 남해南海로 가던 이세좌를 만났습니다. 신이 나무 아래로 이세좌를 불러서 '위에서 너에게 죽음을 내리셨다'라고 말했습니다. 그러자 이세좌가 손을 모아 잡고 땅에 엎드려서 말하기를 '신이 중죄를 범했는데 몸과 머리가 나누어짐을 면한 것만으로도 성상의 은혜가 지극합니다. 어찌 조금인들 지체하겠습니까?' 하였습니다. 그리고 혼잣말로 '자진은 정말 어렵다' 하더니, 정자나무를 쳐다보며 말하기를 '이 나무에 목을 매려는데 줄이 없어서 안 되겠다' 했습니다. 그러더니 종에게 '내 행장 속에 있는 명주 홑이불 한 폭을 찢어서 가져오라' 했습니다. 그리고 '내가 죽은 뒤에 개가 못 뜯어먹게 해주기를 바랄 뿐이다' 하더니 조용히 상위로 올라갔습니다. 가져온 명주로 두 번 목을 감은 후에 나무에 달고는 발을 상 아래로 떨어뜨렸고 좀 있다가 숨이 끊어졌습니다. 신이 지켜본 뒤에 고을 군수를 불러서 함께 목맨 것을 풀고 죽은

것을 확인하고 돌아왔습니다."

임금이 물었다.

"이세좌가 무슨 옷을 입었더냐?"

"저고리인 한삼과 과두, 남색의 찢어진 철릭에 흰 베옷을 입었고, 가늘고 검은 띠를 착용했으며, 초립을 쓰고 사슴 가죽 신을 신었습니다. 목을 맬 때는 흰옷과 한삼을 풀고 갓과 띠를 끄르고 죽었습니다."

임금이 또 물었다.

"이세좌가 죽을 때에 안색이 어떻더냐?"

"안색은 변하지 않아서 평상시와 같았습니다."

임금이 승정원에 물었다.

"이세좌가 죽을 때 울지 않고 안색이 전과 같았다고 한다. 이는 죽으면서도 그 기세를 꺾지 않은 것이다. 옛날에도 이런 자가 있었을 텐데 어질다고 보았느냐?"

승지 박열과 권균이 아뢰었다.

"사람마다 기운과 도량이 달라서 죽을 때 놀라는 자도 있고 조용히 죽는 자도 있습니다. 절개와 의로움을 지키는 것이라면 이렇게 죽는 게 맞지만 이세좌는 이렇게 기세를 꺾지 않고 죽어선 안 됩니다." _ 연산 10년(1504) 4월 9일

의금부에서 "이세좌의 머리와 사지를 모두 베어 왔습니다" 하고

아뢰자, 임금이 전교하였다.

"머리를 매달고 죄명을 써 붙여라." _ 연산 10년(1504) 5월 2일

4-11. 홍귀달을 곤장 치고 사사하라

양근楊根: 양평군까지 간 홍귀달을 다시 잡아오게 한 후 승지 이계맹을 시켜서 성 밖에서 곤장 때리는 것을 감독하게 했다.

임금이 홍귀달에게 말을 전하라고 했다.

"지금 군신의 분별이 없고 위를 능멸하는 풍습이 만연했다. 먼저 노성한 재상을 죄주면 반드시 아랫사람들이 경계할 것이기에 이렇게 하는 것이다." _ 연산 10년(1504) 3월 16일

임금이 전교하였다.

"전에 홍귀달이 손녀가 병으로 입궐하지 못함을 아뢰면서 '곧 예궐하라 명해도 입궐할 수 없습니다'라고 말했다. 그 말이 매우 불경하니 이런 자는 살려 두어도 쓸모가 없다."

유순 등이 아뢰었다.

"상의 분부를 따른다면 대죄로 처리해야 마땅합니다. 하지만 앞서 이세좌의 죄를 정할 때 분부하시기를 '홍귀달의 말은 실수다'

라고 하셨습니다. 이제 무슨 법으로 죄주면 좋겠습니까?"

임금이 전교하였다.

"그때에는 홍귀달의 죄를 이세좌와 비교했을 때 차이가 있어서 말실수라고 했을 뿐이다. 홍귀달은 임금에게 심히 오만하게 말했다. 지금은 풍속을 바로잡는 때이니 재상이라고 죄주지 않을 수 없다. 교형*에 처하라." _ 연산 10년(1504) 6월 16일, 홍귀달 졸기 중

* 교형(絞刑) : 사형수의 목에 줄을 맨 뒤에 공중에 매달리게 하여 죽이는 형벌. 사형의 가장 보편적인 형태는 참형(斬刑)과 교형이었다. 참형은 신체를 절단하는 극형이고, 교형은 신체를 온전히 유지시켜서 참형보다 가벼운 형이다. 교형보다 낮은 형이 사사(賜死)다. 참형은 주로 반역·살인·강도 등 극죄인에게 행해졌고, 교형은 강상죄(綱常罪)·절도죄·군율위반자 등 중죄인에게 행해졌다.

五• 갑자사화 2 ― 폭주하는 연산

5-1. 임사홍, 연산군을 부추기다*

임사홍任士洪은 본래 사람됨이 흉악하고 사나우며 욕심이 많고 비루하였다. 성종 때 도승지로 있으면서 사간 박효원, 지평 김언신 등과 결탁해 당을 만들고, 자기들과 생각이 다른 사람을 배척했다. 성종이 그의 간사함을 알고 수십 년간 등용하지 않았다. 그러다 아들 임광재任光載: 예종의 장녀인 현숙공주와 혼인와 임숭재任崇載: 명빈 김씨가 낳은 성종의 서차녀 휘숙옹주와 혼인가 공주와 혼인해 왕실과 인척을 맺게 되자 임금의 은총을 사려고 틈을 엿보았다.

임금이 즉위한 후 여자와 음악과 사냥을 즐기자, 아들 임숭재가 아름다운 남의 부인과 첩을 빼앗아 바쳤다. 이를 통해 임금의 총

* 이때 임사홍에게 폐비의 이야기를 들은 연산군이 성종의 후궁들을 죽이면서 갑자사화가 시작되었다고 한다. 하지만 이 이야기는 진위가 의심스럽다. 왜냐면 연산군이 이때까지 모후의 일을 모르기 어렵기 때문이다. 또한 갑자사화 때 임사홍 역시 이극균과의 친분 때문에 유자광과 함께 사형당할 뻔했다(연산 10년 윤4월 26일/윤4월 28일). 또한 임사홍이 가장 기대하고 사랑한 셋째아들 임희재도 갑자사화 때 능지처사당했고, 임사홍도 연좌되어 투옥되고 아들의 처형 전날 한양에서 추방당했다.

애를 얻고 상의 침소를 드나들었다.

어느 날 임금이 미복 차림으로 임사홍의 집을 찾아갔다. 임금이 임사홍에게 술을 올리라고 하자 그가 울며 절하였다. 그리고 놀라는 임금에게 말하기를 '대궐 문이 겹겹이라 아뢸 수 없었는데 오늘 소신의 집에서 성상을 뵐 줄 어찌 알았겠습니까' 하고는 없는 일을 꾸며서 '엄숙의와 정소용이 전하의 모후를 참소해서 폐비로 만들었습니다'라고 말했다. 울면서 이야기를 듣던 임금은 늦은 밤에 궁궐로 돌아와서 엄숙의와 정소용을 손수 죽였다.

얼마 되지 않아 임사홍은 공조 참판에 제수되었고 곧 요직인 이조·병조 판서를 역임하였다. 이때 받은 뇌물이 헤아릴 수 없이 많았다. _ 연산 12년(1506) 4월 17일

5-2. 젓갈이 된 성종의 후궁들

서인으로 장사 지내 주었다

임금이 내수사에 전교하였다.

"선왕의 후궁인 정금이鄭金伊: 귀인 정씨와 은조이銀召史: 귀인 엄씨는 죄인 중의 죄인으로 폐서인되었다. 지금 모두 병들어 죽었으니 서인의 예로 장사 지내라." _ 연산 10년(1504) 3월 29일

맞아 죽은 엄 귀인과 정 귀인

임금이 "안양군安陽君 이항李㤚과 봉안군鳳安君 이봉李㦀의 목에 칼을 씌워서 옥에 가두라"라고 명한 후 전교를 내렸다.

"숙직하는 승지 두 사람은 당직청에 가서 항과 봉에게 곤장 80대씩을 때리고 유배 보내라. 또 의금부 낭청 한 명은 옥졸 열 명을 데리고 창덕궁 서쪽의 금호문 밖에서 대기하라."

이어 전교를 내려 "항과 봉을 창경궁으로 데려오라" 하였다.

항과 봉이 창경궁으로 들어오자 임금이 전교를 내렸다.

"둘만 남기고 다 내보내라."

궁에 들어간 항과 봉은 밤 삼경밤11시~밤1시이 돼서야 나왔다.

항과 봉은 성종의 후궁 귀인 정씨의 아들이다. 임금이 모후 윤씨가 폐위되어 죽은 것이 귀인 엄씨嚴氏와 귀인 정씨鄭氏의 참소 때문임을 알고는 밤에 두 사람을 대궐 뜰에 결박해 놓고 손수 마구 때리고 짓밟았다.

그리고 항과 봉을 불러서 엄씨와 정씨를 가리키며 '이 죄인을 치라' 명했다. 사방이 어두워서 항은 죄인이 누군지 모르고 장을 쳤는데, 봉은 어머니임을 알아차리고 치지 않았다. 이를 불쾌하게 여긴 임금이 사람을 시켜서 두 후궁을 마구 쳐 죽였다.

뒤에 내수사를 시켜 엄씨·정씨의 시신을 찢어 젓갈로 담가 산과 들에 흩어 버렸다. _ 연산 10년(1504) 3월 20일

두 아들을 사사하다

임금이 전교하였다.

"말과 행동을 조심히 하고 삼가는 의금부 낭청을 보내 정씨의 두 아들 이항과 이봉을 사사하라." _ 연산 11년(1505) 6월 15일

5-3. 폐비를 참소한 공모자들의 말로

귀인 권씨는 폐서인하라

임금이 전교하였다.

"모후께서 폐위당할 때 음모를 꾸민 귀인貴人 권씨權氏: 성종의 생부인 추존왕 덕종의 후궁는 폐서인하라. 관을 파내고 이장을 금하며 묘 주변의 석물은 철거하라. 그 아들은 먼 곳으로 유배 보내고 싶으니 삼공三公: 삼정승과 육경六卿: 육판서에게 물어서 아뢰라."

영의정 성준成俊 등이 아뢰었다.

"성상의 하교가 지당하십니다." _ 연산 10년(1504) 4월 23일

백어리니와 조두대는 부관참시하라

김감·임사홍·강혼 등이 죄명문罪名文을 지어 바쳤다.

그 내용은 이러하다.

"정금이·은조이는 선왕의 후궁인데 간사한 마음으로 왕후를 위태롭게 만들었다. 불여우와 음험한 귀신처럼 사특한 행동을 마음

껏 하며 황고簧鼓*로 참소하고 폐비의 잘잘못을 모아서 마치 큰 죄가 있는 듯 꾸며萋斐 화를 만연하게 했다. 그리고 끝내 왕후를 내쫓고 죽게 만들었다. 이는 귀신과 사람이 함께 분노할 일이다. 그들의 아비를 죽이고 아들과 딸은 유배 보내며 재산은 몰수하라. 또 형제와 자매에게도 벌을 내리라. 두 사람의 집은 연못으로 만들고 죄명을 적은 돌을 세워 만세의 경계로 삼아라.

백어리니白於里尼는 선왕의 보모奉保夫人로 은총을 믿고서 방자한 행동이 극에 달했다. 왕후를 업신여기고 엄씨와 정씨를 돕느라 터무니없는 말로 모략해서 왕후를 죄인으로 만들고 끝내 죽음으로 몰았다. 이런 악인은 천지도 용납하지 않을 것이다. 관을 꺼내 다시 참수하는 극형을 내리라. 그 지아비와 자식은 곤장 쳐서 형제들과 함께 먼 곳으로 보내고 재산을 몰수하라. 그 집은 연못으로 만들고 돌에 죄악을 적어서 후세에 반역을 꾀하는 자들이 경계하게 하라.

궁인 조두대曺豆大**는 여러 왕을 섬기며 큰 은총을 받았었다. 그런데 엄과 정에게 붙어서 음흉하고 사악한 마음으로 왕후를 모함해서 위태롭게 만들었고, 끝내 큰 변을 일으켰다. 종사宗社와 관련

* 황(簧: 관악기의 입 쪽에 달린 얇은 조각)을 진동해서 소리와 울림을 내는 것. 망언으로 뭇 사람을 현혹하는 것에 비유함.

** 세종과 세조 때 한글 창제와 보급에 도움을 주었으며, 정희왕후와 인수대비를 모셨다.

한 죄악을 저질렀으니 부관참시하라. 양자와 형제자매는 곤장 쳐서 내쫓고 재산은 몰수하라. 집은 연못으로 만들고 죄악을 적은 돌을 세워 후세에 반역을 꾀하려는 자들이 경계하게 하라." _ 연산 10년(1504) 6월 28일

5-4. 할머니, 왜 어머니를 죽인 겁니까?

임금이 모후를 참소해서 폐위시키고 끝내 죽게 만든 정소용의 아들 항과 봉의 머리털을 움켜쥐고 인수대비덕종의 왕비이자 성종의 어머니인 소혜왕후 한씨의 침전으로 갔다. 방문을 벌컥 열고 "사랑하는 손자가 드리는 술이니 한번 맛보십시오"라고 말하고, 항을 독촉해서 잔을 올리게 했다. 대비는 어쩔 수 없이 이를 허락하였다. 임금이 또 말하기를 "사랑하는 손자가 술을 올렸는데, 하사품을 안 주십니까?" 하니, 놀란 대비가 베 2필을 주었다. 그리고 임금이 말하기를 "대비께서는 어찌하여 내 어머니를 죽였습니까?"라고 불손한 말을 많이 하였다. _ 연산 10년(1504) 3월 20일

5-5. 할머니의 장례 일수를 줄이라

술시戌時: 오후7시~9시에 인수왕대비仁粹王大妃가 창경궁 경춘전慶春殿에서 돌아가셨다. 좌의정 유순, 우의정 허침, 예조 판서 김감 및 육조 당상들이 빈청에 모여 장례를 의논하고 임금께 아뢰었다.

"옛날 안순왕후安順王后: 예종의 왕비로 인수대비의 손아래 동서. 연산군 4년에 사망의 장례 때는 6일 만에 성복成服*하였는데, 이번에는 어떻게 하면 좋겠습니까?"

임금이 전교하였다.

"사람은 태어나면 반드시 죽는다. 더욱이 대비께서는 이미 연세가 많으시고 오랜 기간 병을 앓으셨다.** 명을 달리하신 것은 안타

* 성복은 대렴(大殮)을 하고 입관을 마치면 친족들이 죽음을 인정하고 처음으로 상복을 입는 의식을 말한다.

** 인수대비는 갑자사화가 일어나기 전인 1월에 연산군과 신료들이 장례를 의논할 정도로 크게 아팠다(연산 10년 1월 5일). 다행히 인수대비는 소생했고, 이때 연산군은 절을 중수하고, 부모를 위해 부처에게 공양하는 것은 금지하지 말라는 할머니의 청을 들어준다(연산 10년 1월 8일). 인수대비도 고기반찬을 즐기는 연산군을 위해 자신이 죽고 3일이

까우나 어찌하겠는가. 인양전을 빈전으로 하고 3일 만에 성복하라. 상례는 평소 대비께서 남기신 유언대로 남편인 덕종德宗의 상례를 따르라." _ 연산 10년(1504) 4월 27일 인수왕대비의 졸기]

임금이 승정원에 물었다.

"안순왕후는 대통을 이으신 분이다. 그런데 대행 대비의 상례를 안순왕후의 전례를 따른다면 이는 대통을 중히 여기는 의미가 사라진다. 마음이야 3년을 더해도 부족하지만 큰 의리로 결단해서 흰옷 차림으로 상사를 지내는 것이 어떤가? 정승들과 의논하라."

이에 예조 판서 김감이 아뢰었다.

"상사는 반드시 예문에 따라야 합니다. 전하께서 대통이 중하다고 하셨는데, 성종께서 이미 대행 대비를 추존하셨습니다. 상복*** 에는 참최斬衰가 있고, 그다음에 연복練服·상복祥服·담복禫服이 있습니다. 이는 먼저 참최로 상복을 입고 상사가 멀어짐에 따라 연복에서 상복으로, 상복에서 담복으로 가는 것입니다. 만일 참최를

지나면 바로 임금에게 고기반찬을 먹게 하라고 했다(연산 10년 1월 8일).

*** 상복(喪服)은 죽은 사람과의 친소관계와 존비(尊卑)에 따라서 참최(斬縗), 재최(齋縗), 대공(大功), 소공(小功), 시마(緦麻) 등 오복(五服)으로 나뉜다. 상복을 입는 기간은 참최는 3년, 재최는 대상에 따라 3년·1년·5개월년·3개월, 대공은 9개월, 소공은 5개월, 시마는 3개월이다. 상을 당하면 먼저 참최를 입고, 상사(喪事)가 멀어짐에 따라 연복(練服)에서 상복(祥服)으로, 상복에서 담복(禫服)으로, 담복에서 길복(吉服)으로 바꿔 입었다. 이는 졸곡(卒哭), 연제(練祭), 상제(祥祭)를 거치면서 슬픔이 점점 약해지므로 이에 따라 상복을 바꿔 입은 것이다.

입지 않고 바로 흰옷을 입는다면 상제에 어긋나는 것입니다. 참최를 입되 하루를 한 달로 계산해서 상제가 빨리 가게 하소서."

임금이 전교하였다.

"길러 주신 은혜도 중하지만 왕위를 잇는 것이 더 중하기 때문에 그렇게 말한 것이다. 62일 안에 산릉에 장사 지낼 수 있겠느냐?"

김감이 아뢰었다.

"천자의 장사를 7개월 만에 지내는 것은 천하의 제후들이 조문하러 오는 것을 위함이고, 제후의 장사를 5개월 만에 지내는 것은 동맹국의 조문을 위해서입니다. 그러나 피치 못할 사정이 있으면 날수를 세지 않고 짧게 장사를 모십니다."

또 정승들에게도 묻자, 정승들도 같은 내용을 아뢰었다.

임금이 전교하기를 "알았다" 하였다. _ 연산 10년(1504) 4월 28일

임금이 전교하였다.

"상사에는 당연히 차등이 있는 것이다. 개인적인 정리로 말하면 대행 대비는 친할머니지만 의리로 말하면 의가 끊긴 것이다. 모든 일은 반드시 정리와 의리가 서로 합치해야 한다. 상제를 다시 의논해서 정하는 것이 어떤가?

부모의 상에도 아버지에게는 참최하고 어머니에게는 자최齊衰: 재최와 같은 말하는데, 이는 부모 사이에도 차등이 있어서다. 덕종을

세자의 상례로 지냈는데 그 아내인 대비의 상례를 덕종보다 높게 하는 것은 불가하다. 성종은 덕종의 친아들이지만 예종의 양자가 되어 왕위를 이으셨다. 해서 덕종에게는 효질孝姪이고, 예종에게 효자孝子라고 한다. 이는 대통을 중히 여기기 때문이다."

좌의정 유순, 우의정 허침, 좌찬성 강귀손, 좌참찬 신준, 호조 판서 이집, 우참찬 정미수, 이조 판서 김수동, 형조 판서 송질, 예조 판서 김감이 의논해 올렸다.

"대행 대비의 상제는 신들이 이미 의논하였습니다. 성종께서 덕종을 회간懷簡대왕으로 추존하셨습니다. 또한 모후에게 여러 번 휘호를 올렸고 명나라 천자에게 고명을 청해 받아서 극진하게 추존하셨습니다. 그러니 덕종의 장례를 세자의 예로 했다고 해서 대행 대비의 장례를 짧게 할 수는 없습니다. 덕종은 세자로 계시다 돌아가셨기에 세자의 장례로 지낸 것이고, 대행 대비는 천자의 고명을 받아 모후가 되셨으니 당연히 모후의 예로 지내야 합니다."

이에 임금이 전교하였다.

"나의 소견이 얕으나 이번 장례는 내 의견대로 하라." _ 연산 10년(1505) 4월 29일

5-6. 할머니는 국모에 오르지 못한 분이다

임금이 전교하였다.

"대행 대비는 내게는 할머니이지만, 국모의 자리에 오르지 못한 분이기에 안순왕후의 장례 때처럼 조모의 상복을 입을 수 없다. 만일 안순왕후의 예를 따라서 상복을 입는다면 이는 정통을 높이지 않는 것과 같다. 특히나 지금은 위를 업신여기는 풍습을 다스리는 때이기에 정통을 높이지 않을 수 없다. 소인들은 내가 상복 입기를 꺼려서라고 말하겠지만 실상은 이런 상황 때문이다. 어제 회의한 재상들을 불러서 다시 의논하게 하라. 승정원의 의견은 어떠한가?"

승지들이 아뢰었다.

"신들은 어제 의견을 아뢰었으나, 재상들과 함께 다시 옛 제도를 꼼꼼히 따져서 검토하겠습니다."

임금이 전교하였다.

"무릇 일을 의논할 때 재상들은 중요하지 않은 일에는 반드시 옛일을 끌어다 붙이고, 이런 큰일은 자세히 의논하지 않으니 매우 그르다."

임금이 또 전교하였다.

"재상들은 자리만 채우고 있을 뿐 해박하지 못해 의논한 것이 모두 찌꺼기다. 이런 큰일은 재상들이 옛일을 상고하여 의논해야지 홍문관의 어린 선비들과 논의할 것이 아니다. 또한 자순왕대비慈順王大妃: 성종의 왕비 윤씨로 중종의 어머니가 입을 상복도 나와 같은 문제가 있다. 그러니 어찌 안순왕후 때와 차이를 두지 않는단 말이냐? 내가 용렬하지만 이런 부분을 생각해서 내린 결론이다. 속히 의논하여 아뢰라."

좌우의 사람들이 서로 돌아보며 감히 말을 꺼내지 못했다.

이때 우의정 허침이 홀로 주장하였다.

"무릇 어버이가 죽어서 상복을 입는 것인데 어찌 그 지위 여부를 생각하겠습니까? 아버지가 천하면 삼년상을 거행하지 않아도 된단 말입니까? 옛날 주나라 무왕武王은 증조부와 조부를 왕으로 추존해서 천자의 예로 제사드렸습니다. 덕종은 왕위에 계시지는 않았지만 명나라에 청해 선왕의 서열에 올랐으니 상복을 입지 않을 수 없습니다."

좌우의 사람들이 굳세고 바른 허침의 말에 탄복하며 그의 말대로 아뢰었다. 임금이 어쩔 수 없이 신시申時: 오후 3시~오후 5시에 인양전에서 성복하였다. _ **연산 10년(1504) 윤4월 1일**

5-7. 조정으로 향한 분노의 칼날

폐비 건에 관련된 자들을 조사하라

춘추관시정(時政)의 기록을 관장한 관서에서 폐비에게 사약을 내릴 때의 관련자를 조사해서 올렸다. 임금이 이를 내려보내고 명하였다.

"도승지는 의정부·춘추관 당상 및 예문관 관원과 함께 그때의 기록을 살펴서 폐비에게 사약을 내리라고 말한 자, 폐위가 불가하다고 간하다가 벌을 받은 자, 사약을 내릴 때 간언하지 않고 명을 받든 자를 구분해서 아뢰라." _ **연산 10년(1504) 4월 1일**

승정원에서 폐비 때의 일을 조사한 후 글을 올렸다.

"기해년성종 10년(1479) 6월 5일 회릉을 폐위할 때, 승지는 홍귀달·김승경·이경동·김계창·채수·변수였고, 주서注書는 신경·홍형이었습니다. 사관은 최진·이세영이었고, 대비전에서 내린 언문을 번역한 자는 채수·이창신·정성근이었습니다. 그리고 임인년성종 13년(1482) 8월 16일 폐비께 사약을 내릴 때, 승지는 노공필·이세좌·성준·김세적·강자평·권건이었고, 주서는 이승건·권주였습니다. 사관은 신복의·홍계원이었고, 대비전에서 내린 언문 글을 읽은 이는 내시 안중경이고, 언문을 풀어서 보인 자는 강자평이었습니다."

임금이 전교하였다.

"정승들은 이들의 죄를 의논하여 아뢰라."

유순 등이 글을 올렸다.

"이경동·김계창·변수·홍형·김세적·강자평·권건·이승건·홍계원은 직첩을 거두고, 신경과 최진·권주·신복의는 파직하고, 채수·이창신·정성근과 그의 아들들은 직첩을 거두고 유배 보내는 것이 어떻겠습니까?"

임금이 그대로 따랐다. _ 연산 10년(1504) 윤4월 17일

시신을 다시 능지처사하라

임금이 전교하였다.

"폐비할 때 이파李坡가 옛일을 인용하여 찬성했으니 그 죄가 난신과 같다. 관을 쪼개 시신을 베고 재산을 몰수하며 자손은 벼슬에 못 오르게 하라.

신하가 인군을 섬길 때는 죽든 살든 절개가 있어야 한다. 그런데 윤필상은 전에는 폐비를 죽이는 일에 찬성하고 이제는 추존하겠다는 내 뜻에 순종하니, 죄를 논하지 않을 수 없다.

상나라의 마지막 왕인 주紂가 무도하고 죄악이 컸지만 스스로 죽게 했다. 이는 주나라 무왕이 신하였을 때 주紂를 쳤기 때문이다. 그리고 임금이 신하의 간언을 들어주지 않으면 죽을 각오로 청해야 한다. 그런데 정창손鄭昌孫은 폐비의 일에 힘써 간하지 않아 결국 선왕이 참언을 믿게 했다. 그 아들을 유배 보내라. 이 내용으로 의정부·한성부·대간·홍문관·육조는 의논하라."

유순·허침·강귀손·신준·이계동·박숭질·이집·정미수·안처량·신용개·장순손·한형윤·허집·윤구·유빈·노공유·이복선·남궁찬·성희안·이과·정광필·손주·이중현·윤은보·심정·정붕이 의논을 드렸다.

"이파는 관을 쪼개 시체를 베고 재산을 몰수하며 자손을 금고하소서. 윤필상은 고신을 빼앗고 재산을 몰수하며 아들과 함께 외방으로 유배 보내소서. 정창손·한명회·심회·정인지·김승경은 고신을 빼앗고 법에 따라 묘에 설치한 석물을 제거하고, 그 아들의 고신을 빼앗고 유배 보내는 것이 합당합니다."

성세명·신숙근·이충걸·김준손·김숭조·김지·이현보가 의논을 드렸다. "성상의 하교가 지당하십니다. 다만 윤필상의 죄는 심회보다 크니 더 큰 벌을 내리소서." _ 연산 10년(1504) 4월 18일

충훈부忠勳府: 조선 시대 공신에 관한 사무를 관장하였던 관서 당상 유자광 등이 아뢰었다.

"이파의 아비 이계전은 정란공신靖亂功臣: 세조가 일으킨 계유정난의 공신이고, 이세좌의 아비 이극감은 좌익공신佐翼功臣: 세조가 단종에 이어 왕위에 오를 때의 공신이니 이파와 이세좌의 자손을 모두 공신록에서 제하소서. 또 세조조에 북도절도사 양정楊汀이 조회에서 임금께 무례한 말을 아뢨는데, 그때 충훈부에서 중형에 처하기를 청했습니다. 윤필상도 죄가 매우 크니 중형에 처하는 게 어떻겠습니까?"

임금이 전교하였다.

"윤필상이 세조조의 공신이긴 하지만, 성종조에는 엄연히 내가 세자로 있는데 사직의 안위를 생각하지 않고 폐비하라고 말했다. 그 죄가 매우 크니 율에 따라 처벌하라."

승지 이계맹이 아뢰었다.

"사사하리까? 참형에 처하리까?"

"사사하고 이극균처럼 죄명을 써서 내려보내라." _ 연산 10년(1504) 윤4월 13일

임금이 어서를 내렸다.

"이극균과 윤필상은 살아서는 교만해서 위를 업신여겼고 죽을 때는 분하게 여겨 독을 냈다. 이는 천지간에 용납 못할 일이다. 이세좌도 죽을 때에 제 노복에게 성을 냈다. 그 시신을 베서 사방으로 돌려 보여 경계로 삼게 하라. 대신의 머리인들 어찌 돌려 보지 못하겠느냐? 신하로서 이러한 자는 닭이나 개로 대우하는 게 마

땅하다."

이어 전교하였다. "아직도 원통한 마음을 다 풀지 못했다. 송흠·이파·윤필상·이세좌를 모두 능지凌遲: 몸을 여러 동강이 내는 것하라."

유순·허침·박숭질·이계동·김수동·김감 등이 "성상의 하교가 지당하십니다"라고 아뢰고는 이어서 의논을 올렸다.

"정창손·심회·한명회 등은 처음에는 폐비의 사사를 만류했지만 후에는 임금의 명을 따랐으니, 그 죄가 윤필상과는 차이가 있습니다."

이에 임금이 전교하였다.

"무릇 대신이라면 큰일을 만났을 때 시종일관 주장하는 것이 같아야 한다. 이 세 사람은 처음에는 정지를 간언했지만 결국 임금의 뜻을 따랐다. 윤필상과 무슨 차이가 있느냐? 저들은 죽은 지 오래되어 이제 썩은 뼈를 베는 게 무슨 이익이 있겠는가. 그럼에도 부관참시하는 것은 불충하면 죽은 후에라도 베임을 면치 못한다는 것을 뒷사람들에게 알리기 위해서다. 그러니 이렇게 징계하는 게 옳다."

여러 사람이 "지당하십니다" 하였다. _ 연산 10년(1504) 윤4월 21일

임금이 전교하였다.

"이극균의 머리를 저자에 매달고 3일 후에 팔도로 돌려서 보게 하라." _ 연산 10년(1504) 윤4월 26일

5-8. 부관참시한 후 뼈를 분쇄하라

임금이 전교하였다.

"한명회·심회·정창손·정인지·김승경 중에 종묘의 배향공신*에 오른 자는 삭제하라." _ 연산 10년(1504) 4월 18일

임금이 전교하였다.

"이극균·이세좌·윤필상·한치형·이파의 시체를 일찍이 들판에 버려 두고 매장하지 못하도록 하였으나 반드시 누군가 거두어서 매장했을 것이다. 지금 다시 파내어 해골을 분쇄해서 형적을 없애는 것이 어떠하냐?"

승지들이 "그들 모두 중죄인이니 의당 그렇게 해야 합니다" 하였다.

* 임금이 죽어서 위패를 종묘에 모신 뒤에 생전에 그 임금에게 특별한 공로가 있는 신하의 신주도 같이 모시는데 이를 배향공신이라 한다.

임금이 또 손수 글을 써 내렸다.

“간신의 해골을 바람에 날려 없애 버리는 것은 하늘과 땅에 의지할 수 없게 하려는 것이다. 땅에는 영험한 풀이 있고 하늘에는 신통한 새가 있기 때문이다.” _ 연산 10년(1504) 12월 15일

5-9. 무오년에 살려 둔 자들을 다 죽이라

임금이 전교하였다.

"무오년 김일손의 사초 사건무오사화 때 그 도당 대부분을 외방으로 유배했다. 그런데 그때의 삼정승이 모두 간악한 무리였음이 드러났다. 이들은 개인적 친분에 따라 죽어 마땅한 자는 살게 하고, 살아야 할 자는 도리어 죽게 했음이 틀림없다. 이런 무리를 어찌 살려 둔단 말인가? 모두 잡아오라." _ 연산 10년(1504) 9월 26일

정승과 의금부 당상들이 무오년에 지방으로 유배된 사람들을 써서 아뢰었다.

"그때 강겸은 세조 때의 일을 허반에게 들었는데, 후에 김일손과 이야기를 나누다가 김일손이 먼저 이 일을 말하자, '나도 또한 들었다'고 말한 죄로 장형을 받고 재산은 몰수되고 처자는 종으로 삼는다는 벌을 받았습니다. 김굉필·강백진·최부·이원은 김종직의 제자로 장형을 받고 유배되었고, 성중엄은 이목의 말을 듣고

김일손의 사초를 실록에 편찬하려 한 죄로 장형을 받고 유배되었습니다."

임금이 전교하였다.

"성중엄 이상은 마땅히 극형에 처하고, 이원 이하는 차등을 주어 아뢰라."

유순 등이 아뢰었다.

"강겸은 참형, 강백진·김굉필·성중엄은 교수형에 처하고, 최부와 이원은 종으로 삼으소서."

이에 임금이 어서를 내렸다.

"강백진과 김굉필은 참형하고, 성중엄과 강겸은 능지처참하고, 최부와 이원은 곤장 1백을 때린 후에 이원은 제주도로 최부는 거제도로 보내 종으로 삼아라."

그리고 이어서 임금이 전교하였다.

"능지처참한 자는 모두 목을 매달고 재산을 몰수하라."

유순 등이 이유녕·변형량·최숙근·구성에게 죄를 추가로 주어야 한다며 "이들을 능지처사하고 처자는 종으로 삼고, 재산은 몰수하소서" 하였다.

이에 임금이 전교하였다.

"시신을 전시하라." _ 연산 10년(1504) 9월 26일

5-10. 광기에 사로잡히다

죄인을 보고 슬퍼한 것도 죄다

죄인을 벌하고 곤장 칠 때 옆에서 보며 탄식하고 슬퍼하는 것을 금하는 법을 세웠다. _ 연산 10년(1504년, 계축) 5월 24일

죄인에게 물품도 주지 말라

임금이 승정원에 전교하였다.

"지금 재상과 조정의 관원 중 귀양 간 자가 많은데, 지방의 감사와 수령들이 죄인들을 잘 대접하고 물건을 보내 주기도 할 것이다. 박안성은 높은 재상이고 이극균은 원래 찾는 자들이 많았다. 각도에 명을 내려 죄인을 대접하지 못하게 하고 물건을 못 주게 하라." _ 연산 10년(1504) 윤4월 10일

마음대로 죽지도 못하게 하라

임금이 전교하였다.

"옥에 갇힌 자 중 자신의 죄가 큰 것을 알면 독을 마시거나 목을 맨다. 그렇게 못하도록 하라." _ 연산 10년(1504) 윤4월 29일

임금이 전교하였다.

"죄인은 자신의 죄가 큰 것을 알면 누구나 스스로 목을 매려 한다. 손발을 묶어 못 쓰게 하라." _ 연산 10년(1504) 6월 3일

참형당한 죄인은 도성 근처에 묻지도 말라

의금부에서 참형당한 죄인들이 묻힌 곳을 써서 아뢰자 임금이 전교하였다.

"도성 근처에 묻지 못하게 하라." _ 연산 10년(1504) 5월 12일

엄하게 고문하고 용서하지 말라

임금이 형조와 의금부에 전교하였다.

"풍속이 바로잡힐 때까지 모든 죄인을 엄하게 고문하고 용서하지 말며 속贖: 벌을 대신해서 바치는 재물을 못 바치게 하라." _ 연산 10년(1504) 5월 10일

대간을 옥죄다

임금이 전교하였다.

"이제부터 대간이 일을 아뢸 때는 반드시 먼저 '아무 일로 누구

누구와 함께 의논하여 아뢰겠습니다'라고 말하라. 만약 다음 날 다른 사람이 와서 아뢰게 된다면 반드시 '아무개가 일이 있어서 신 아무개가 대신 아룁니다'라고 말해서 후일에 알아보기 편하게 하라." _ 연산 10년(1504) 5월 14일

유생들은 나랏일에 나서지 말라

임금이 전교하였다.

"성균관과 사학四學의 유생들 그리고 마을의 젊은이들이 떼로 모여서 망령되게 인물을 평하고, 나라의 정사를 훼방하기 위해 말하는 것은 매우 옳지 않다. 지금부터 법으로 금하고 이를 범한 자는 아버지와 형제까지 죄주라."

임금이 문신들을 모두 베어 죽이거나 귀양 보냈다. 또한 글 읽으며 사귀는 것도 법으로 금지하고 이를 어기면 죄가 어버이에게까지 미쳤다. 그래서 사대부 집에서는 시·서詩書를 공부하는 것을 꺼려 자손들에게 배우지 못하게 하였다. _ 연산 10년(1504) 5월 18일

병을 핑계 삼으면 처벌하라

임금이 전교하였다.

"지금 풍속이 각박하고 인심이 간사해서 내시 중에 제 몸만 편하려고 아프다고 거짓말하고 시골로 가는 자가 있다. 관리 중에도 이런 자가 있을 것이니 각도 감사는 거짓으로 병을 핑계한 자를

조사해서 법으로 다스리라." _ 연산 10년(1504) 5월 26일

어명보다 높은 것은 없다

승지 박열이 아뢰었다.

"천추절千秋節: 중국 황태자나 황후의 생일에 명나라로 가져갈 짐을 꾸리려면 의정부에 가야 합니다. 신은 승명패를 받았는데 어디壁에 앉아야 하리까?"*

임금이 전교하였다.

"임금의 명을 받았으니 지위의 높고 낮음을 따질 것 없다. 영의정보다 윗자리에 앉으라." _ 연산 10년(1504) 7월 11일

* 모든 관사(官司)에서 북쪽이 상석(上席)이고 다음이 동쪽, 다음이 서쪽, 다음이 남쪽이다. 벽(壁)은 자리할 때 등지는 벽을 뜻한다. 의정부의 자리는 정1품인 영의정·좌의정·우의정이 북쪽, 종1품인 좌·우찬성이 동쪽, 정2품인 좌·우 참찬이 서쪽이다. 승지는 그들보다 품계는 낮지만 임금의 명을 받들었기에 어느 자리가 마땅한지 물은 것이다.

六 • 감각과 쾌락의 제국

6-1. 시인 연산, 백 편이 넘는 시를 남기다

임금이 손수 시를 써서御製詩 내렸다.

잦은 기침 번열로 피곤한 상태가 계속되어
이리저리 뒤척이느라 잠을 못 이루네
간관들 종묘사직의 중함은 생각하지 않고
소장을 올릴 때마다 경연에만 나오라네

이어 임금이 전교하였다.

"시를 지은 것이 아니라 나의 뜻을 드러내는 것뿐이다. 숙직하는 승지는 이것을 보라." _ 연산 2년(1496) 11월 23일

임금이 승정원에 사계화四季花: 장미과의 상록 관목으로 초여름에서 가을까지 홍색, 백황색 꽃이 핀다를 하사하며 말하였다.

"승정원이 비록 좋은 곳이기는 하나 명절에도 쉬지 못하니 안쓰럽다. 해서 화분 하나를 내려 구경하게 하는 것이다."

이어 임금이 손수 시 한 수를 써서 내렸다.

이슬에 젖은 아름다운 붉은 꽃은 푸른 잎 속에 만발하고
그 향을 누각에 새기니 향기에 취하네
구경만 하라고 은대를 주는 것이 아니라
잠깐이라도 보면서 하늘의 조화를 생각하라는 것이네

승지 이세영 등이 사은하려 하자 임금이 "사은하지 말라" 하였다. 이세영 등이 즉시 답시를 지어 올렸다. _ 연산 6년(1500) 4월 22일

유생의 정시시관 김감 등이 "이번 과거 시험에 어떠한 제목을 내리면 좋겠습니까?" 하고 아뢰자, 임금이 전교하였다.

"대책문으로만 인재를 뽑지 말고 칠언율시 3수를 짓게 해서 뽑되, 전처럼 직부直赴와 급분給分*도 하는 것이 어떤가?"

김감이 아뢰었다.

"율시 짓기가 어려우니 3수로 뽑는 것이 무슨 문제가 있겠습니까? 옛날에도 인재를 시로 뽑았습니다."

임금이 스스로 출제하였다.

봄이 한창인 배나무정원에서 한가로이 아름다운 음악을 즐기누나
간사한 신하를 제거하고 충신 얻기에 목마르니

* 직부는 응시자가 각종 특별 시험에서 우수한 성적을 받았을 경우 소과나 대과의 초시를 거치지 않고 소과의 복시나 대과의 회시·전시에 곧바로 응시할 수 있도록 한 것이고, 급분은 직부 정도의 성적은 못 받았지만 이 성적으로 초시를 볼 때 가산점을 받는 것.

이름만 낚는 자는 모두 베고 지극히 성실한 자만 취하리라 _ 연산 10년(1504) 11월 20일

임금이 승정원에 시를 써서 내렸다.

푸른 이슬은 밤새도록 비단 치마를 적시고
가을바람은 소슬하여 애달픈 간장을 녹이네
난간에 기대어 기러기 소리를 들으니 달빛은 차갑고
붉어진 눈시울은 슬픈 마음을 이기지 못하네

임금이 전교하였다.

"이 시가 어떤가?"

승지들이 아뢰었다.

"푸른 이슬·가을바람·기러기 소리·달빛 같은 말은 가을 경치를 그린 것이고, 비단 치마·애간장·눈시울 등의 말은 곧 부녀자의 사연인 듯하오며, 격조와 운율이 높고 맑습니다."

임금이 "이것은 미인을 비유해서 지은 시다" 하였다. _ 연산 12년(1506) 7월 30일

6-2. 춤꾼 연산의 처용무 사랑

임금이 전교하였다.

"처용무는 옛날부터 내려오는 풍속이라 당연히 지금도 해야 한다. 기녀들에게 가르치고 연습시켜서 궁중 잔치 때 추게 하라." _ **연산 10년(1504) 12월 13일**

임금이 전교하였다.

"연연아·일점홍·연연월·암향매에게 홍청의 옷인 아상복을 입히고 처용무를 미리 연습시키라. 지금의 처용무는 그 진위를 모르겠는데, 전에 궁궐 잔치에서 광희 여산余山이 처용무를 추는데 팔 동작이 남달랐다. 그 모습이 매우 볼 만하니 배우는 자들에게 이를 가르치라." _ **연산 11년(1505) 1월 9일**

왕이 술에 취하면 처용복을 입고 처용무를 추며 노래도 불렀다. _ **연산 11년(1505) 4월 7일**

임금이 전교하였다.

"대비중종의 어머니인 정현왕후께서 나를 위해 내일 잔치를 베푸시겠다니 이는 큰 경사다. 연방원은 연주하게 하고, 운평과 광희 중 풍두무豐頭舞를 잘 추는 자를 경복궁으로 들게 하라."

그때 왕은 처용가면을 풍두라 부르며 금·은·옥으로 장식하고 술에 취해서 발광할 때마다 풍두를 쓰고 경복궁으로 갔다. 흥청 수백 명에게 풍악을 울리며 뒤따르게 하고 대비 앞에서 희롱하며 춤추었다. 임금이 광희 여산을 내정으로 불러내어 짝을 지어 춤을 추곤 했다. _ 연산 11년(1505) 11월 3일

임금이 전교하였다.

"풍두무 잘 추는 자를 열흘마다 다섯 명씩 뽑아서 아뢰라."

임금이 풍두무를 잘 춰서 매번 궁중에서 가면을 쓰고 춤추는 것을 좋아하였다. 총애하는 여자 중 사내 무당 놀이를 잘하는 자가 있어서 임금이 밤이면 흥청들을 데리고 빈터에서 제를 베풀곤 했다. 이때 임금이 죽은 자의 형상을 흉내 내어 말하면 총애하는 후궁들은 손을 모으고 구경하였다. 임금이 우는 연기를 하면 모든 흥청이 눈물을 흘렸는데 나중에는 통곡하며 끝이 났다. _ 연산 12년(1506) 1월 2일

6-3. 디자이너 연산

곤룡포와 철릭

임금이 전교하였다.

"곤룡포와 철릭帖裏: 사냥복의 소매 안팎과 흉배胸背: 관복의 가슴과 등쪽에 붙이는 수 놓은 헝겊 좌우에 가는 모시 실로 용 두 마리를 수 놓으라. 꼬리는 뒤로 하고 목을 앞으로 맞대게 해서 여의주 하나를 두고 다투는 형상으로 만들어 바치라." _ 연산 10년(1504) 2월 19일

갓

임금이 통이 높고 차양이 낮은 새로운 모양의 갓 하나를 내려 주며 명하였다.

"이것을 평시서平市署: 시전(市廛)과 도량형, 물가 등에 관한 일을 관장하던 관청에 주고 갓쟁이한테 이 모양 그대로 만들게 하라. 사헌부와 예조는 옛날 모양의 갓 사용은 금하고 지키지 않는 자는 죄로 다스리라." _ 연산 10년(1504) 5월 28일

처용복

임금이 전교하였다.

"처용의 갓과 의복의 모든 가장자리를 명주와 비단으로 덧대서 각기 1개씩 더 만들라. 명주로 만든 옷은 기름에 절여서 눈비를 대비하도록 하라." _ 연산 10년(1504) 12월 19일

공인의 복장, 가마꾼의 복장

임금이 전교하였다.

"공인工人이 입을 겉옷·갓·띠·신은 지금 내려보낸 도면대로 만들라. 공인의 관모 양쪽에는 꽃 꽂을 통도 만들라." _ 연산 10년(1504) 12월 21일

임금이 전교하였다.

"가마꾼의 갓과 허리띠, 옷과 신발 모두 새로 지어 주라. 갓은 사슴 가죽에 뿔을 붙여서 만들되 짧고 좁게 해서 아래로 늘어지게 하고, 띠는 은을 써서 공복의 띠와 같이 좌우의 끝이 드리우게 만들라. 옷은 명주로 관복과 같게 만드는데 소매를 좁게 하고 흉배도 붙이라." _ 연산 12년(1506) 2월 25일

중국에서 비단 염색과 직조를 배워 오라

임금이 전교하였다.

"북경에 사신단이 갈 때 비단 짜는 능라장도 따라가게 하라. 이들에게 적홍색보다 짙은 대홍색과 초록색 등 여러 가지 색깔의 염색과 직조 방법을 배우고 익히게 한 후에 각각 네다섯 자尺씩 만들어 오게 하라." _ 연산 8년(1502) 1월 12일

일본의 복색 장신구에 대한 관심

임금이 전교하였다.

"통역관은 무슨 핑계를 대서라도 일본국 사신이 입고 있는 옷과 상투관을 가져오라. 내가 본 뒤에 돌려보낼 것이다." _ 연산 8년(1502) 3월 17일

임금이 전교하였다.

"일본국 사신이 바친 벼룻집硯匣: 벼루와 먹을 보관하는 함의 빛깔이 푸른빛 도는 검은 색이다. 예조는 그 이유를 알아 오라." _ 연산 8년(1502) 3월 23일

잔칫상

임금이 전교하였다.

"잔치 때 사용하는 상의 4면에 구름과 봉황의 모양을 새겨 넣고 얇은 금을 바르라. 3개의 상을 보자기로 싸서 나무 궤짝에 넣어 닳지 않게 하라. 또 금실로 꽃과 봉황을 수놓은 비단 18개를 새로 만

들고 상의원은 이를 잘 보관해서 잔치를 대비하라." _ 연산 8년(1502) 9월 18일

만세산을 만들고 궁을 세우라

임금이 명하여 경회루 연못 서쪽에 만세산萬歲山을 만들었다. 산 위에다 봉래궁·일궁·월궁·예주궁·벽운궁을 세우고 비단으로 꾸며 금처럼 찬란히 빛나게 했다. 흥청에게 그 안에서 음악을 연주하게 했다. 또 수백 명이 탈 수 있는 황룡주黃龍舟를 채단으로 꾸미고 임금이 그 용주를 타고 만세산을 왔다갔다 하였다. _ 연산 12년(1506) 4월 8일

금은 1만 냥으로 등을 꾸미라

임금이 남루한 차림微服으로 남몰래 경복궁의 경회루에 올라가 만세산에 등을 켜고 잔치했다. 잔치가 끝나자 승지들을 들어와 보게 했는데, 밤 2경更: 밤9시~밤11시이었다. 임금이 사악 황소로黃小老와 공효련公孝連에게 명해서 꿩·봉황·연꽃·모란·누각·봉래산·태양·달·은빛 물고기·황금 용 모양의 등을 좌·우로 나누어 달게 했다. 천태 만상을 묘사한 등은 1만 냥의 금은을 사용해 꾸몄다. 임금이 배를 타고 이를 구경했는데 잡귀를 쫓기 위해 수백 다발의 향을 태우고 1천 자루의 초를 켜서 밤이 낮처럼 밝았다. 흥청 수백 명이 여기에 앉아서 풍악을 연주하였다. _ 연산 12년(1506) 4월 12일

6-4. 예민한 미각의 소유자

단맛 나는 과일 용안과 여지

임금이 전교하였다.

"이번에 명나라에 가는 사신 편에 단맛이 나는 용안龍眼과 여지荔枝*를 사오게 하라." _ 연산 3년(1497) 2월 20일

포도

임금이 전교하였다.

"상강霜降: 24절기 중 하나. 양력 10월 23일 또는 24일경이 지난 후에 포도와 목통木通: 으름덩굴과에 속하는 낙엽성 관목으로 약재의 일종 열매를 채취

* 용안: 종자는 자양분이 많은 살이 많고 단맛이 있는 과일인데, 용안육(龍眼肉)이라고 하며 생으로도 먹거나 말려서 먹기도 한다. 약재로도 쓰이며 중국 남방이 원산지다.
여지: 리치. 긴 타원형에 양쪽 끝이 뾰족한 모양으로 익으면 적황색이 된다. 중국에서 들여와야 해서 무척 귀한 과실이다. 왕실에서만 잔치나 제향 때 썼고, 생으로 또는 꿀에 재워 먹었다.

해서 대궐로 들이라. 그리고 앞으로는 이것을 해마다 들이도록 하라." _ 연산 5년(1499) 9월 1일

임금이 길쭉하게 생긴 포도馬乳葡萄*를 승정원에 내렸다.

"너희는 이것을 맛보고 각기 시를 지어 바치라."

승지들이 감사의 답을 하였다.

"신 등이 한 번도 맛보지 못하던 것입니다. 산중에 더러 있기는 했으나 서리와 눈 내리는 계절에 어찌 이런 맛을 볼 수 있겠습니까." _ 연산 6년(1500) 10월 14일

수박과 참외

임금이 승정원에 전교하였다.

"지금 북경에 가는 사신에게 수박을 구해 오게 하라."** _ 연산 8년(1502) 12월 4일

다래

임금이 전교하였다.

"서리 맞은 포도와 다래를 따서 들이도록 하라." _ 연산 9년(1503) 9

* 포도 중 둥근 것을 초룡주(草龍珠), 긴 것을 마유포도(馬乳葡萄), 흰 것을 수정포도(水晶葡萄), 검은 것을 자포도(紫葡萄)라 불렀다.

** 겨울에 수박을 구해 오라고 한 것이다. 이런 요구가 여러 번 있었다.

월 27일

홍시와 게

장원서掌苑署: 궁중의 정원 관리, 화초·과일나무 등의 재배를 관장하던 관청에 저장하고 있는 모든 수박을 다방茶房: 차와 꽃·과일·술·약·채소 등을 관리하는 관서으로 보내고, 홍시와 얼린 게를 대궐로 들이라고 하였다. _연산 10년(1504) 1월 14일

6-5. 태평성대의 완성은 음악

흥청과 운평 그리고 광희

임금이 손수 이름을 써서 내렸다.

"이들전국에서 뽑은 재주있는 기녀와 악공을 흥청興淸·운평運平·광희廣熙로 하라."

이어 전교하였다.

"흥청은 사악하고 더러움을 깨끗이 씻으라는 뜻이고, 운평은 태평한 운수를 만났다는 뜻인데 그 의미가 어떠한가?"

승지들이 "칭호가 매우 아름답습니다" 하였다. _ 연산 10년(1504) 12월 22일

임금이 전교하였다.

"재주가 뛰어난 기녀에게는 매달 급료를 주되 가장 잘한 자에게는 면포를 더 주라. 그중에 인물이 좋은 자는 흥청으로 올리고 모든 악공과 악생은 광희라 칭하라." _ 연산 10년(1504) 12월 23일

대규모 예술가 집단을 만들라

임금이 전교하였다.

"흥청은 3백 명, 운평은 7백 명을 정원으로 하고 광희 또한 증원하라." _ 연산 10년(1504) 12월 24일

임금이 전교하였다.

"광희의 수는 1천 명으로 정했으니 운평도 같은 수로 하라." _ 연산 11년(1505) 1월 15일

임금이 전교하였다.

"장악원을 원각사圓覺寺로 옮기고, 가흥청 2백 명, 운평 1천 명, 광희 1천 명을 이곳에 상주하게 하라. 그리고 음악을 맡아보는 관리摠律 40명은 이들을 매일 가르치라." _ 연산 11년(1505) 2월 21일

임금이 전교하였다.

"이미 광희와 운평이라고 이름을 정했는데, 아직도 이들을 창기나 악공이라 부르는 자가 있다. 예조는 이러한 자에게 죄주는 규정을 만들라." _ 연산 11년(1505) 4월 4일

6-6. 관리가 된 기녀와 악공

임금이 전교하였다.

"여의女醫들이 병에 걸려 궁궐 밖으로 옮겨진 흥청을 힘써 치료하지 않아서 죽는 자가 많다. 앞으로 치료에 정성을 다하지 않은 자는 중한 법으로 다스리라." _ 연산 12년(1506) 8월 13일

임금이 전교하였다.

"외방에 사는 흥청의 부모는 자식과 연락을 주고받지 못하니 불쌍하다. 외방에서는 이들의 생활을 도와주기 어려울 테니, 각 도 관찰사는 이들을 서울로 올려 보내라.

1. 흥청의 부모가 서울에 올라와도 의탁할 곳이 없어 힘들 것이다. 올라오는 즉시 장악원은 시혜청施惠廳*에 문서를 보내서 이들

* 조선 시대 후궁의 집을 짓는 일을 맡아 보던 관청. 연산군 10년(1504)에 설치하였다가 연산군 폐위와 함께 없어졌다.

이 지낼 곳을 마련하게 하고, 만약 부족하면 호조와 한성부가 나서서 이들에게 집을 사 주고 생업을 할 수 있게 하라. 단 집이 있는 자는 예외로 하라.

1. 흥청의 부모에게 반드시 농토를 주어 생활을 도우라. 단, 죄인의 전토와 내수사 노비가 경작하는 금표 안의 땅은 제외하고, 전교가 내려가면 호조는 서울에서 멀리 떨어진 곳과 금표 안 변두리의 전토 중 적당한 것을 골라서 이들에게 지급하라. 하지만 흥청이 죄를 얻어 운평으로 낮아지면 땅은 다시 관사에 귀속시키라.

1. 장악원은 외방에 있는 흥청의 형제자매들을 확인한 후 관찰사에게 문서를 보내 그 집에 부과한 부역을 면제해 주라. 수령은 계절마다 이 내용을 자세히 적어서 서명한 후 그 집의 가장에게 서명받아서 관찰사에게 보내라. 관찰사는 이 서류를 장악원으로 보내고, 최종적으로 장악원에서 아뢰라. 이를 어기는 자는 제서유위율制書有違律**로 논단하라.

1. 흥청의 보인保人***이 마음을 다해 돕지 않으면, 전교를 받은 밀위청密威廳은 이들에게 곤장 80대를 치라. 가흥청과 운평의 보인도

** 임금이나 왕세자의 명령을 위반하는 자를 다스리는 율(律). 『대명률』 제서유위(制書有違)조에, "무릇 제서(制書)를 받들어 시행하는 데 위반한 자는 장(杖) 1백 대에 처하고, 황태자의 영지(令旨)를 위반한 자도 죄가 이와 같다"는 내용이 있다.

*** 군(軍)에 직접 복무하지 않는 병역 의무자. 정군(正軍) 한 명에 보인은 두 명에서 네 명씩 배당된다. 복무를 대신해서 베나 무명 등을 나라에 바쳤다.

장악원이 연유를 갖추어 아뢰고 위의 율에 따라 처단하라." _ 연산 11년(1505) 6월 21일

임금이 전교하였다.

"홍청과 운평은 재주에 따라 9품부터 5품까지 등급을 나누고, 각각 정 5품와 종 5품를 갖추라. 시험에서 여러 차례 통通을 받은 자는 정·종에 따라 쌀과 면포로 녹봉을 주라. 광희 중에서도 여러 차례 통을 받은 자는 능력에 따라 정·종을 분간하고 녹봉을 더 주라. 또 삼악三樂: 홍청·운평·광희의 시험에서 상을 받은 자는 그 부모에게도 상을 주라." _ 연산 11년(1505) 2월 13일

6-7. 흥청은 오직 나만을 위해 존재하라

임금이 전교하였다.

"광희와 운평은 거의 수를 채웠는데 흥청은 왜 수를 채우지 못하고 있는가? 원래 목표했던 흥청의 수와 현재 뽑힌 수를 아뢰라."

장악원에서 아뢰었다.

"흥청은 300명 정원인데 현재 흥청이 45명, 예비 흥청인 가흥청假興淸이 48명으로 아직 채우지 못한 수가 207명입니다."

임금이 글을 써서 내렸다.

"우리나라가 작긴 하지만 어찌 알맞은 사람이 없겠느냐. 마음을 다해 이를 채우라." _ 연산 11년(1505) 4월 4일

임금이 전교하였다.

"궁궐에 들어온 흥청은 이제 궁인이다. 함부로 그 이름을 부르는 자는 무거운 죄로 처벌하라." _ 연산 11년(1505) 9월 23일

6-8. 흥청의 숨막히는 일상

말은 물론 눈도 못 마주치다

임금이 장악원 제조 이계동과 임숭재를 불러서 전교하였다.

"흥청은 궐내에 들어와서 연회하고 나가서는 운평과 섞여 살고 있다. 저들이 궐 안의 일을 비록 고의로 누설하지는 않겠지만 말을 전파하면 안 되니 엄중히 금하라. 만약 누설한 자가 있으면 그 지아비와 지아비의 부모까지 무거운 죄로 논죄하라." _ 연산 10년(1504) 12월 26일

임금이 장악원에 전교하였다.

"흥청과 운평은 서로 말도 못하게 할 뿐만 아니라 눈도 못 마주치게 하라." _ 연산 11년(1505) 1월 13일

임금이 전교하였다.

"흥청과 운평 그리고 광희는 신료의 집에 오가선 안 된다는 금

령이 있다. 그런데 이를 지키지 않는 자가 있다니 법을 더욱 밝히라." _ 연산 11년(1505) 5월 24일

흥청끼리 연락 금지

뇌영원의 흥청 두 사람이 밥 속에 언문 편지를 넣어서 남모르게 연락했다. 내용은 이러했다.

'이렇게 고생하고 있는데, 요즘 들리는 말이 중국 사신이 오면 각원의 흥청을 다 풀어 준다…….'

이를 흥청의 감독관인 전비典備가 잡아내서 고하니, 흥청에게는 장 1백를 치고, 이런 일을 검거하지 못한 다른 원의 전비들에게는 태 40대를 쳤다. _ 연산 12년(1506) 7월 28일

부부의 인연도 끝

임금이 전교하였다.

"흥청이 입을 옷과 장식품은 부모에게 장만하게 하고 지아비들이 관여치 못하게 해서 부부의 인연을 끊게 하라." _ 연산 11년(1505) 1월 18일

임금이 전교하였다.

"앞서 간택한 흥청 중에 지아비가 있다면, 정식 남편인지 헤어진 사이인지 조사하고 임신 여부도 점검하여 아뢰라." _ 연산 11년

(1505) 1월 20일

임금이 전교하였다.

"오는 3월 3일 후원에서 잔치할 때 가흥청과 신·구 운평의 수를 1천 명에 맞추라. 수가 모자라면 관에 속한 노비로 채우라. 그중에서 아상복을 장만하지 못한 자는 평상복에 꽃을 꽂게 하고, 그 지아비에게 빨리 장만하라고 독촉하라."

이로부터 외방의 기생과 관비들은 조금이라도 땅을 가졌거나 먹을 것이 있는 자를 보면 앞다투어 자기 남편이라고 거짓으로 말했다. 수령이 독촉해서 이들에게서 옷감을 거둬 가니 재산을 다 바치고 도망해서 흩어지는 백성이 말할 수 없이 많았다. _ 연산 11년(1505) 2월 23일

바깥세상을 그리워하지 말라

임금이 전교하였다.

"요즈음 가흥청들의 얼굴과 말에서 밖을 그리워하는 기색이 보인다. 사람은 생계를 유지하는 것에 따라 옷과 음식이 크게 달라진다. 이들은 전에는 옷과 음식을 마련하기 어려웠지만 이제는 특별한 은혜를 입었다. 그런데 어찌 밖을 그리워한단 말이냐! 특히 그들 중에 나이 어린 자들이 심하니 늘 경계하고 깨우쳐서 그렇게 못 하게 하라." _ 연산 11년(1505) 5월 9일

임금이 전교하였다.

"운평 중에서 궐로 들어오는 것을 꺼려서 시험 볼 때 일부러 못하는 척하는 자가 있다고 한다. 이런 자에게는 무거운 벌을 내리고 부모·형제는 곤장 1백 대를 치고 전가사변全家徙邊: 죄인을 가족과 함께 변방으로 옮겨 살게 한 형벌하라." _ 연산 12년(1506) 1월 2일

태어나자마자 죽어 간 갓난아이들

임금이 전교하였다.

"이제부터 운평은 열흘마다 간택해서 흥청으로 뽑아라. 간택 날이 아니어도 함부로 못 돌아다니게 하고, 이들 중 임신한 자는 날짜를 헤아려서 만약 사통했다면 죄로 다스리라."

그때 장악원에 있는 운평은 천 명으로 10일에 한 번 간택하고, 20일에 두 번 간택하니, 얼굴이 못났어도 2, 30일이 지나면 반드시 흥청으로 뽑혔다. 이것을 순간택旬揀擇이라 한다.

흥청이 되기 전에 밖에서 임신해서 궐 내로 들어온 자는 따로 질병가에 두었다가 출산하면 아기를 땅에 묻게 하였다. 만약 명을 어기고 묻지 않으면 오작인仵作人: 관아에 딸려 관원이 시체를 임검할 때 시체를 만지던 사람을 중죄에 처했기에 아기를 낳는 대로 묻었다. 해서 젖먹이의 울음소리가 연이었고 이를 듣고 얼굴을 찌푸리지 않는 사람이 없었다. _ 연산 11년(1505) 9월 16일

임금이 전교하였다.

"궁궐 안에 있는 홍청은 사통할 리 없지만, 연방원聯芳院: 1505년(연산군 11)에 장악원(掌樂院)을 격하해서 명칭을 바꿨다 같은 곳에 있는 운평은 반드시 간부와 사통할 것이다. 만약 그랬다면 운평은 곤장 1백대를 때리고 간부는 중한 법으로 다스리라. 또 뇌영원·함방원·진향원·취춘원 등에 있는 궁인 중에 잉태한 자가 있으면 질병가로 옮겨 곤장 80대를 치고, 간부는 끝까지 심문하라. 해산을 기다렸다가 아이는 묻으라." _ 연산 12년(1506) 7월 13일

매를 치라

임금이 전교하였다.

"홍청의 부모를 밀위청密威廳: 의금부 소속의 특수관서로 신문고가 있는 궐문 옆에 있었다에 가두라."

아무리 사랑한 홍청이라도 임금의 뜻에 조금이라도 어긋나면 바로 매질하라 명했고, 그 죄가 부모에게도 미쳤다. _ 연산 11년(1505) 12월 22일

화장 안 해도 죄인

임금이 전교하였다.

"앞으로는 홍청·가홍청·계평·채홍인·속홍·흡려·운평 중에서 화장하지 않는 자는 죄주라. 남쪽 사람은 북쪽으로, 북쪽 사람은

남쪽으로 유배 보내고 그 부모에게도 죄주라." _ 연산 12년(1506) 4월 1일

끝없는 시험

임금이 전교하였다.

"장악원은 흥청·운평·광희 중에 재주 있는 사람을 뽑아서 날마다 시험하고, 한 달에 한 차례 시험을 통과하지 못한 자에게는 태笞 10대, 여러 차례 통과하지 못한 자에게는 매의 수를 더해서 태 50대까지 치라. 그리고 스승의 가르침을 부지런히 따르지 않은 자는 잡아다 죄주고 그 부모에게는 가벼운 벌을 주라." _ 연산 11년(1505) 2월 13일

임금이 전교하였다.

"운평과 광희를 각각 재주에 따라 3등으로 나누라. 1등을 쓸 때는 1등악一等樂, 2등을 쓸 때는 2등악, 3등을 쓸 때는 3등악, 합주할 때는 합주로 하되, 그때마다 전교를 받아서 시행하라. 또 음악을 배워 잘 익히게 한 후 3등 중에서 재능이 있는 자는 2등으로 올리고, 2등 중에서 재능이 있는 자는 1등으로 올리라." _ 연산 11년(1505) 3월 12일

임금이 전교하였다.

"새로 지은 노래인 경청곡敬淸曲·혁반곡赫盤曲·태화음泰和吟*을 여민락與民樂·보허자步虛子·낙양춘洛陽春 등과 함께 한문과 한글로 인쇄하라. 그 음운의 높고 낮음은 점을 찍어서 표시하고, 이를 흥청과 운평에게 각기 나누어 주어 학습하게 하라. 특히 음운의 고저를 분명히 알게 하고, 시험 봐서 한 자라도 틀리면 틀린 글자 수대로 벌의 경중을 정하라. 그리고 내 앞에서 노래할 때는 장구 등의 악기로 반주하면서 불러야 함을 알려 주라." _ 연산 11년(1505) 11월 18일

* 연산군이 "천구가(天衢歌)를 고쳐서 경청가(敬淸歌)라 하고, 방가개혁업가(邦家開赫業歌)를 고쳐서 태화음(泰和吟)이라 하고, 황하청곡(黃河淸曲)을 고쳐서 혁반곡(赫磐曲)이라 하라"고 했다(연산 11년 7월 2일). 천구가는 간흉을 씻어 낸다는 뜻으로 지은 악장이다(연산11년 1월 18일). 방가개혁업가는 어떤 작품을 바탕으로 지은 것인지 미상인 악장이고, 황하청곡은 송나라 조단례가 지은 악장이다.

七 • 공포정치 그리고 폐위

7-1. 법대로 인가를 철거*하라

법은 지키라고 있는 것이다

임금이 전교하였다.

"이미 궁궐 담장에서 백 자尺 안에는 집을 지을 수 없다는 법이 있다. 한데 백성들은 법을 어기고 집을 지었고, 해당 관사는 당연히 이를 아뢰어야 하는데 하지 않았다. 이는 모두 임금을 업신여기는 것이다. 신하는 정성과 공경으로 임금을 섬겨야 하는데 아랫사람과 한통속이 되어 태만하게 굴며, 아랫사람은 국법도 무서워하지 않고 있다. 권성필이란 자는 집이 헐리게 되자 임금을 원망하고 있으니, 사리를 아는 사람이라면 어찌 이럴 수 있단 말이냐?

* 궁궐 담 밖으로부터 백 자 안에는 민가를 지으면 안 된다는 법이 『대전』(大典)에 실려 있다. 하지만 지켜지지 않아서 연산군 3년 5월 18일 기사에 창덕궁과 정업원(淨業院: 왕실 여성들이 출가하여 수도하던 사찰), 성균관 등의 백 자 안에 인가가 많다는 기사가 있고, 이때 철거를 하려다 반대가 심해 못했다. 이후 연산군 8년 3월 26일, 이 문제가 불거져서 기존의 집은 철거하지 않지만 새로 짓지는 못하도록 명했다.

재상과 대간이 추운 겨울에는 인가를 철거할 수 없다고 말한 것 역시 옳지 않다. 안의 말이 밖으로 나가고 바깥의 말이 안으로 들어오는 것 또한 안 될 일이다. 만약 궁궐 담장 밑이나 궁궐이 내려다보이는 곳에 집 짓는 것을 금하지 않는다면, 궁궐은 엄숙할 필요가 없고 안팎도 분별할 이유가 없는 것이다. 병조·공조와 한성부의 당상정3품 이상들에게 집주인을 모두 모아 놓고 이런 뜻을 알리라고 하려는데 승지들의 생각은 어떠한가?"

이어 병조·공조·한성부 당상을 불러 전교하였다.

"집이 헐리게 된 백성에게 넉넉히는 못 주지만 무명을 조금씩 나누어 주어 나라의 뜻을 알게 하라."

강귀손 등이 집을 대·중·소·소소小小의 4등급으로 나누고 임금께 아뢰었다.

"대가는 무명 50필, 중가는 30필, 소가는 15필, 소소가는 10필씩 주시기 바랍니다."

임금이 "그리하라" 하였다. _ 연산 9년(1503) 11월 5일

임금이 전교하였다.

"창덕궁 후원 동쪽 담장 밑의 김철문 등 14명의 집과 순라군이 거처하는 경수소警守所 한 곳, 창덕궁 서쪽 담장 밑에 있는 장명 등 62명의 집과 경수소 네 곳, 함춘원含春苑 남쪽 담장 밑의 한계선 등 14명의 집을 이달 20일 안으로 철거하라." _ 연산 9년(1503) 11월 5일

백성의 거처를 마련하라

임금이 병조·공조·한성부에 전교하였다.

"집을 비운 백성들이 거주할 곳을 마련해서 아뢰라."

판윤 박숭질 등이 아뢰었다.

"도성 안에 있는 경저京邸: 공무의 연락을 위해 지방 하급 관리가 머무는 곳나 빈집을 임대해서 지내게 하는 것이 어떠하리까?"

임금이 그대로 좇았다. _ 연산 9년(1503) 11월 6일

임금이 경복궁을 내려다보는 곳에 있는 집들의 지도를 내려 주고 전교하였다.

"창덕궁의 예에 따라 철거하라." _ 연산 9년(1503) 11월 12일

인가를 철거하지 마소서

사헌부가 상소하였다.

"삼가 살피건대, 송宋나라 신하 장재張載는 '백성은 동포요 만물은 나와 함께한다'라고 말했습니다. 이는 세상이 대궐 안에 있으니, 제왕은 백성들이 바라는 대로 인도하고 그 천성을 안정되게 해서 지아비와 지어미들을 편안히 살게 해야 한다는 뜻입니다. 그런데 백성이 좋아하는 것과 반대로 해서 그들의 마음을 거스른다면 어찌 백성의 부모가 될 수 있겠습니까?

지금 궁궐 담장 가까이에 있는 인가를 철거하라 명하셨는데 무

려 백여 곳이나 됩니다. 법에는 인가를 지을 때 궁궐 담장 밑에서 1백 자 밖이라는 한계를 두었습니다. 하지만 조종조 이래로 두 대궐의 담장 아래에 인가가 즐비했는데, 한 걸음 정도의 거리만 둬서 혹시 모를 화재에 대비했을 뿐입니다. 선왕께서도 어찌 이 법을 준수하고 싶지 않으셨겠습니까. 그러나 백성들이 이주하는 것을 염려해서 실행하지 않은 것입니다.

만일 전하께서 토지와 백성은 모두 나의 소유이니 옮긴들 무엇이 손상되고 헐어 낸들 무엇이 해로울 것인가? 라고 여기시고 백 년간 편안히 살던 인가를 하루아침에 헐게 하신다면 이는 선왕께서 백성을 보호하신 뜻을 본받지 않는 것입니다.

백성의 집을 옮기는 것은 중한 일이니 결코 함부로 해선 안 됩니다. 집이 헐려서 갈 곳 없는 백성들이 길에서 추위에 떨고 있습니다. 안타까운 그 형상을 어찌 일일이 성상께 말씀드릴 수 있겠습니까? 선왕께서는 궁궐과 인가 사이의 간격을 넓게 하지 않으셨는데 전하께서는 넓게 하시고, 선왕께서는 백성을 병들게 하지 않으셨는데 전하께서는 병들게 하려 하십니다. 나라가 태평한 지 백 년이 되었고 백성이 번성하여 성안의 한 치 땅은 한 치의 금처럼 귀한데, 집을 헐라는 명이 여러 번 내려오니 나라 안이 소란하고 백성들이 크게 놀라고 있습니다.

삼가 바라건대, 인가를 철거하는 명을 빨리 거두시어 백성들의 원통함을 풀어 주신다면 이보다 큰 다행은 없을 것입니다." _ 연산 9

년(1503) 11월 16일

대간이 시끄럽게 하니 더 빨리 철거하라

임금이 전교하였다.

"관리가 금하지 않아서 많은 백성이 법을 어기고 금지한 곳에 집을 짓는 것이다. 상소에 '성안의 한 치 땅은 한 치의 금처럼 귀하다'고 했는데, 땅이 귀하다고 금하지 않으면 되겠느냐? 또 전에 대간이 말하기를 '선왕 때에 인가를 철거하려고 했지만 대신이 불가하다고 해서 그 명을 철회하셨다' 했는데 이는 당시의 대신들이 틀린 것이다.

지금 집이 헐린 사람 중에는 관리도 있고, 관리의 친족들도 있다. 그들 중에는 '대간이 옛일을 들먹여 말하면 임금이 결국 헐지 말라고 할 것이다' 여기고 명을 따르지 않는 자도 있을 것이다.

처음에 내가 철거 기한을 내년 그믐으로 한 것은 추운 겨울에 이주하는 고통을 생각해서다. 그런데 지금 너희들이 시끄럽게 논박하니 급히 철거하게 한 것만 못하다. 만약 서둘러 철거했다면 너희들이 이렇게 논박하지 못할 것 아니냐."

이어서 "빨리 철거하라" 하였다. _ 연산 9년(1503) 11월 17일

7-2. 임금의 말이 법이다

임금이 전교하였다.

"옛글에 '하늘 아래 왕의 땅이 아닌 곳이 없고, 온 나라 백성 중 왕의 신민이 아닌 것이 없다' 하였다. 만약 다른 나라의 토지를 침범해서 차지했다면 잘못이지만 내 나라 땅을 내가 하고 싶은 대로 하는 것이 무슨 잘못이겠느냐. 서쪽은 홍복산弘福山의 혜음현惠陰峴에서 공순릉恭順陵: 파주에 있는 공릉과 순릉까지, 동쪽은 수락산에서 녹양평까지 모두 통제구역의 금지선 안에 넣으라. 큰 길은 아차산 쪽으로 다시 만들라.

이렇게 한 후 수목이 무성해지면 짐승이 많아져서 강무와 사냥을 할 수 있게 될 것이다. 경기 관찰사 안윤덕과 이계동은 가서 출입을 금지하는 푯말을 세우라. 그리고 갈 때 도화서 화원 두 명을 데려가서 그 지형을 그리게 하라." _ 연산 10년(1504) 8월 16일

좌찬성 이계동과 경기 관찰사 송질이 통행을 금지하는 지역의 지

도를 그려 올렸다. 한양에서 사방 1백 리 떨어진 곳으로 동쪽으로는 용진龍津: 남양주, 서쪽으로는 임진臨津: 임진각, 남쪽으로는 용인龍仁, 북쪽으로는 대탄大灘: 양근군. 현재의 양평에 이르렀다. _ 연산 11년 (1505) 6월 21일

7-3. 금표*를 어긴 자, 삼족을 멸하라

임금이 전교하였다.

"백성이 사는 땅은 임금의 땅이 아닌 곳이 없기에 사사로이 할 수 없고, 그 취사여탈권은 당연히 왕에게 있다. 지금 동서로 금지 푯말을 세운 것은, 풍속 개혁을 위한 금령을 시행하고 궁궐 가까이에서 군사 훈련과 사냥을 하기 위해서다.

그런데 그 안에 땅과 집을 가진 백성 중에는 원망하는 자가 있고, 최근에는 임금을 비방하는 투서投書 건도 있었다.** 이는 실로 위를 능멸하는 것이다. 법에 능상죄는 곤장 1백 대에서 극형으로도 다스릴 수 있다. 세상을 어지럽히는 말은 정도의 차이가 있어서 아주 해로운 것과 그다지 해롭지 않은 것이 있다. 위를 원망하는 말은 세상을 어지럽히는 말과 같기에 정도의 차이는 있겠으나

* 연산군이 사냥 등의 유흥을 위해 도성 외곽 경기도 일원에 민간인 통제구역을 설정하고 그 경계에 세운 통행금지 표지.

** 이 일로 연산군은 일시적으로 한글 사용을 금했다(연산 10년 7월 19일).

같은 죄인 것이다.

옛날에는 삼족을 멸하는 법이 있었다. 이 법을 쓴다면 형제나 숙질이 서로 경계해서 형이 선하지 않으면 아우가 꾸짖고, 아저씨가 선하지 않으면 조카가 경계해서 풍속이 바르게 설 수 있었다. 이런 뜻으로 글을 지어 백성을 타이르라."

주서注書 윤귀수를 시켜 삼정승에게 의견을 묻고, 홍문관에는 삼족을 멸한 전례를 조사해서 아뢰라고 하였다.

유순 등이 임금께 의견을 모아 올렸다.

"성상의 하교가 지당하십니다. 다만 삼족을 멸하는 법은 진秦나라* 때 시작되었는데 이사李斯**만 이 벌을 받았다는 기록이 있을 뿐이고, 이 밖에는 듣지 못했습니다. 한漢나라 이후 지금까지 천백 세가 지나도록 쓰지 않은 법이고, 전하는 성군이시니 이 법을 시행할 수 없을 듯합니다."

임금이 전교하였다.

* 진(秦)나라: 춘추전국시대에 분립한 여러 제후국 중 하나로 중국 최초의 통일제국이다. B.C. 3세기 중반에서 B.C. 2세기말 사이 진국공(秦国公)은 엄격한 법률체계를 만들고, 전국적으로 중앙에서 관리를 파견했고, 군·현을 설치하는 등 권력을 집중화했다.

** 이사(李斯): 전국시대 초나라 상채(上蔡) 사람으로 진에 들어가서 객경(客卿)이 되었으며, 진시황이 천하를 평정하자 승상(丞相)이 되었다. 군현제를 제정하고 분서령(焚書令)을 내리게 하는 등 시황을 도왔으나, 조고(趙高)와 함께 2세(二世)를 황제로 옹립한 뒤, 조고의 음해로 2세의 미움을 받아서 함양 저자에서 허리를 베이는 형을 당했다.

“금지한 지역 안에 집과 땅을 가진 자들이 ‘임금이 금한 지역이 어찌 이렇게 넓고, 농사를 짓지 못해서 황폐해진 땅이 어찌 이리 많은가’라고 말하며 원망한다고 한다. 또한 어리석은 서생들은 대간을 부추기거나 소장을 올려 어지럽게 하소연하고 있다. 이는 모두 옳지 못한 짓이다. 해서 삼족을 멸하는 법을 세워 풍속을 고치려 한다. 이 법을 시행한 나라는 진나라뿐이지만 지금은 풍속을 고칠 때이니 특별히 법을 만드는 것 또한 옳지 않겠는가.” _ 연산 10년(1504) 8월 7일

7-4. 금표 때문에 삶이 피폐해진 백성들

뭐 먹고살라고

한성부 좌윤 이손李蓀이 서문 밖 통제구역 안의 가옥을 철거하는 일을 감독하고 돌아와서 아뢰었다.

"홍제원 등의 인가는 다 철거하였습니다. 그런데 그 지역 안에 있는 밭의 곡식이 익어 가고 있어서 주인이 몰래 들어와 베어 갈까 염려됩니다."

임금이 전교하였다.

"통제구역 안의 곡식은 지금 다 익지 않았으니, 값을 3분의 1로 쳐 주라. 곡식이 다 익으면 조정에서 거두어들이고 잡인의 출입을 금하라." _ 연산 10년(1504) 7월 21일

잡히면 죽어

임금이 영서역迎曙驛: 양주에서 일하는 우질동牛叱同 등을 의금부에 가두라 명하고 전교하였다.

"이들은 통제구역 안에 함부로 들어갔다. 대개 법을 세운 초기에는 준엄하게 지키지만 나중에는 쇠퇴해지기 마련이다. 그런데 지금은 새롭게 금지법을 세운 때인데 이들이 법을 어겼으니 그 죄가 크다. 『서경』에 '악한 것이 고쳐지지 않으면 형벌을 크게 할 수밖에 없다'라고 하였다. 머리를 베서 거리에 달아 사람들이 이를 보고 경계하게 하라." _ 연산 10년(1504) 8월 7일

임금이 전교하였다.

"의금부는 서쪽 통제구역 안에 들어온 두 사람을 수레에 싣고 서소문 밖으로 데려가 참형에 처하라. 동서쪽 금지 푯말에 머리를 걸고 죄명을 써서 널리 보게 하라." _ 연산 10년(1504) 8월 18일

가시나무까지 바치라니

공조 판서 한사문韓斯文이 아뢰었다.

"도성 안에 통행을 금하는 울타리를 세울 때 가시나무荊棘가 필요하니 목책*으로 쓰고 남은 것을 가져다 쓰게 하소서."

임금이 전교하기를 "공사를 시작할 때 다시 품하도록 하라" 하였다.

* 목책(木柵): 역사적으로는 적의 침입을 막기 위하여 만든 성(城)을 가리키기도 한다. 급히 방어시설을 만들거나 임시로 성을 만들 경우에 사용하였다. 한국의 성곽은 토성(土城)·석성(石城)이 흔히 알려져 있으나 목책으로 울타리를 만드는 경우도 많다.

이때 임금이 한성 인가의 반을 철거하고 동서의 길을 막아서 백성은 땔나무를 구할 곳이 없었다. 그런데 가시나무까지 독촉해서 징수하니 백성들이 몹시 괴로워했다. _ 연산 10년(1504) 8월 29일

도둑질하듯 지내는 제사

임금이 전교하였다.

"통제구역 안에 묘가 있는 자 중에 이장할 사람은 들어와서 이를 행하게 하라."

명절에는 술과 찬을 갖추어 조상에게 제사 지내는 게 나라의 풍속이다. 그런데 묘가 모두 통제구역 안에 들어가니 많은 사람이 슬퍼하였다. 임금이 이장하라고 했지만 백성들은 '기전畿甸: 경기도 주위에 푯말을 세워 사방의 도로를 막고 통행하지 못하게야 하겠는가?'라고 말하며 끝내 옮기는 사람이 없었다. _ 연산 10년(1504) 8월 19일

임금이 전교하였다.

"이제부터 모든 속절俗節*에는 제사 지내러 2일간 금표 안에 들어가는 것을 허락하나, 마음대로 돌아다니지는 못하게 하라."

* 제삿날 외에, 철이 바뀔 때마다 사당이나 조상의 묘에 차례(茶禮)를 지내는 날. 설, 대보름, 한식, 단오, 추석, 중양, 동지 등이다.

임금이 고양·양주·파주·광주·영평永平: 포천의 옛 지명 등지의 인가를 철거하고 푯말을 세웠다. 멀리서 보면 쑥대밭만 보이고 인가는 찾아볼 수 없었다. 사대부와 일반 백성은 마치 적의 땅에 몰래 침투하듯 무덤에 가서 제사를 지냈다. 이때 두려워하지 않는 사람이 없었고 무서워서 차마 들어가지 못하는 사람도 있었다. _ 연산 11년(1505) 7월 22일

도적 떼의 은신처

임금이 통제구역을 정한 탓에 새 길을 냈는데 옛길보다 모두 며칠씩 돌아가야 했다.

부역이 고달픈 백성들은 살길이 없어지자 도둑이 되어 길 가는 사람을 죽이고 각 도에서 바치는 공물까지 약탈해 갔다. 경상·전라·충청도에서는 가끔 수백 명이 떼를 지어 다녔다.

통제구역 제도가 생기면서 도둑들이 그 안을 보금자리로 삼아 사람을 죽이고 물건을 약탈해 갔다. 날이 저물면 도둑 떼가 몰려다니면서 꺼리지 않고 한성에 들어와 강탈해 갔다. 도적 떼가 집을 불태우고 재물을 빼앗아 가도 백성들은 이를 피해 숨을 뿐 감히 잡지 못했다. 그중에서 가장 간악하고 교활한 것은 왕명이라며 인가에 들어가서 보화와 재물을 빼앗아 가는 것이었다. 이때 백성들은 자기 재산을 가져가는 것을 뻔히 보면서도 허둥지둥 숨을 뿐 따지지 못하며 매우 괴로워했다. _ 연산 12년(1506) 2월 2일

통제구역 안의 봉수도 폐지하라

병조가 아뢰었다.

"경상·전라·충청도의 봉수烽燧가 남산에 있는데 그곳이 통제구역 안에 들어갑니다. 봉수군한테 패를 주어 왕래하게 하리까요?"

임금이 전교하였다.

"봉수는 단지 변방에 일이 있는지 그 유무를 보고할 뿐이다. 변방의 일이란 게 제때 빨리 달려와서 아뢰면 되는 것이니 모든 봉수를 폐지하라." _ 연산 10년(1504) 11월 1일

집 잃은 백성의 수

한성부와 경기 관찰사가 동서 통제구역 안에서 쫓겨난 백성의 수가 남녀 2만 5백50여 명이고, 사용 못하게 된 농지는 5천 7백여 결임을 보고하였다. _ 연산 10년(1504) 11월 8일

인가 철거에 대한 변명

임금이 선위사宣慰使: 조선 시대 각지에 파견되어 중국·일본·유구(琉球)에서 온 사신을 위로하던 임시 관직와 관반館伴: 외국 사신을 접대하던 정3품 임시 벼슬 들에게 전교하였다.

"중국 사신이 공자를 배알하겠다고 하면, 성균관이 오래되어 기둥과 주추가 기울어져서 수리 중이라 공자와 선사先師의 위패는 다른 곳에 모셨다고 답하라. 금표 안의 인가를 철거한 까닭을 묻

거든, 짐승을 사냥해서 제물로 바쳐야 하는데 먼 지방은 마땅치 않고 인가가 빽빽하면 짐승이 번성하지 못하기에 인가를 철거해서 사냥하는 곳으로 삼았다고 답하라."

임금이 공자의 위판을 태평관太平館: 명나라 사신을 접대하기 위해 만든 객관으로 옮기고, 대성전大成殿: 문묘의 시설 가운데 공자의 위판을 봉안한 건축물을 곰과 범의 우리로 삼았다. 이때 중국 사신이 오자 위패를 종학宗學: 왕족의 교육을 담당하는 관서으로 옮기더니, 종학이 또 통제구역 안에 들어가자 장악원掌樂院: 궁중에서 연주되는 음악 및 무용에 관한 모든 일을 맡아 보던 관청으로 옮겼다. 이곳의 건물이 좁아서 위판을 순서도 없이 한 방에 쌓아 두었다. _ 연산 11년(1505) 7월 11일

7-5. 궁궐 안을 들여다보지 못하게 하라

임금이 전교하였다.

"궁궐은 엄숙하고 내밀한 곳이기에 내외가 멀리 떨어져 있어야 한다. 창덕궁의 담은 바깥사람이 안을 훤히 볼 정도는 아니지만, 너무 낮다. 궁궐은 모서리라도 보여서는 안 되는 곳이다. 예전처럼 담을 쌓고 이현梨峴 쪽에 문을 만들되 특별한 일이 없는 평상시에는 닫아 두는 것이 어떠한가?"

이극균이 아뢰었다.

"새 법을 세우고 옛 법을 폐지하는 것은 중한 일이기에 경솔히 할 수 없습니다. 지금 세상이 태평하여 어린 선비들이 생각하는 바를 다 아뢰지만 어찌 일일이 들어줄 수 있겠습니까? 성상께서 헤아리셔야 할 것입니다. 신 역시 궁궐 안에 담을 쌓아 산등성이를 가려야 한다고 생각해서 글을 올리려고 했는데, 지금 성상의 전교를 받고 보니 매우 타당합니다. 성종 때에도 이현에 문을 만들려고 했지만 금기되는 곳이어서 중지한 것입니다."

임금이 전교하였다.

"궁궐의 담이 낮아서는 안 된다. 근자에 매 기르는 응사가 죄를 범했는데 담을 넘어 달아났고, 선왕조에도 도둑이 신경당信敬堂 근처까지 들어온 일이 있었다. 궐에서 어찌 이런 일이 일어날 수 있단 말인가? 지금은 지형이 낮은 곳에 담을 높게 쌓기 어려우니 판자로 덮었다가 봄이 오면 담을 쌓아라. 전에 어리석은 무리가 '담을 높이 치고 그 속에서 놀이한다'라고 말했는데, 놀이를 어찌 담 안에서 하겠는가? 이런 말은 들을 필요도 없다. 만일 새 담장을 쌓는다면 힘이 많이 들고 피해가 클 것이지만, 예전 것 위에다 더 쌓으면 힘이 적게 들고 공은 배가 될 것이다. 경이 수리도감修理都監 일을 맡았으니 경복궁만 수리할 것이 아니라 창덕궁도 같이 하라." _ 연산 9년(1503) 11월 4일

임금이 전교하였다.

"담을 쌓을 때 돌의 면이 울툭불툭하면 사람이 이를 잡고 올라올 수 있으니 절대 안 된다. 면이 넓은 돌로 쌓아 올리되 사람이 잡을 수 없게 평평하게 쌓아 올리라." _ 연산 11년(1505) 11월 18일

7-6. 함부로 입을 놀리지 말라

'입은 화의 문이요, 혀는 몸을 베는 칼이다. 입을 닫고 혀를 깊이 간직하면 몸이 편안하여 어디서나 굳건하리라'口是禍之門 舌是斬身刀 閉口深藏舌 安身處處牢라는 글귀를 나무 패에 새겨서 환관들에게 차게 하였다. _ 연산 10년(1504) 3월 13일

임금이 전교하였다.

"'입은 화의 문이요, 혀는 내 몸을 베는 칼이니, 입을 다물고 혀를 깊이 간직하면 몸이 편안하여 곳곳이 안온하리라'라는 말을 새긴 패를 환관만 찼었다. 이제부터는 조정에 나오는 모든 신하는 다 이 패를 차도록 하라." _ 연산 11년(1505) 1월 29일

임금이 전교하였다.

"'입은 화의 문이요, 혀는 내 몸을 베는 칼이다'라는 시는 말을 삼가라는 뜻이다. 조정의 신료들이 다 패를 찼으니, 대제학은 '너

는 앞에서는 순종하고 물러가서는 뒷말하지 말라'爾無面從 退有後言는 뜻으로 시를 지어서 차고 있는 패의 다른 면에 새기게 하라." _ 연산 11년(1505) 3월 9일

임금이 전교하였다.

"백성을 다스리는 칠사七事*의 법은 훌륭하나 수령 중에 이 법을 지키는 자가 적고, 칠사의 조목을 모르는 자도 있다. 글 잘 짓는 이에게 임금이 수령을 임명하는 뜻과 칠사를 닦아야 하는 이유를 시로 짓게 하라. 시는 두 수를 지어서 패의 양면에 한 수씩 새기라. 그리고 관찰사·절도사·도사·우후·만호 등에게 각자에게 맡겨진 임무를 잘 받든다는 뜻으로 시를 짓게 하라. 그리고 이를 패에 새긴 후 차고 다니면서 임금이 일을 맡긴 뜻을 저버리지 말게 하라." _ 연산 11년(1505) 4월 13일

* 수령이 살펴야 할 일곱 가지 일. 농상이 성하고(農桑盛), 호구가 늘고(戶口增), 학교가 일고(學校興), 군정이 닦이고(軍政修), 부역이 고르고(賦役均), 송사가 밝고(詞松簡), 간활이 사라지기(姦猾息)에 힘쓰겠다는 것.

7-7. 몰이꾼이 된 신하들

임금이 천참泉站에서 사냥하던 중 전교하였다.

"우의정은 나와서 몰이하는데, 좌의정은 나오지 않았다. 이는 고집스럽고 게을러서다."

병조 판서 임사홍이 아뢰었다.

"신과 약속했는데도 나오지 않았으니 일을 마친 뒤에 죄를 다스리도록 하소서."

임사홍이 또 좌의정의 종사관을 처벌하라 청하니 임금이 즉시 승지 권균을 시켜서 곤장 80대를 치라 하고 이어 전교하였다.

"군무의 일은 지극히 중요한 것이다. 그런데 대장 된 자가 수고로움을 피하려고 나오지도 않았다. 승지들은 이 일을 어찌 생각하는가?"

승지들이 아뢰기를 "대장의 과실입니다" 하였다. _ **연산 10년(1504) 10월 10일**

임금은 사냥터에서 시렁을 매고 몸소 나무 위로 올라가 나뭇가지로 몸을 가리고 짐승을 쏘았다. 또 곰과 범을 사로잡아 궁궐 후원에 풀어놓고서 친히 활을 쏘며 즐거워했다. 이때 주군州郡의 관리들에게 군사를 거느리고 가서 곰과 범을 잡아오게 했는데, 향교의 유생이나 사찰의 중들을 모두 몰이꾼으로 삼았고, 남복 차림의 부인이 군사의 대열을 따르기도 했다. 살아 있는 곰과 범을 어깨에 메고 오는 자가 길에 잇닿아 경기·충청·황해·강원 4도가 어수선했고 고달픈 백성은 다 흩어져 달아났다. _ 연산 11년(1505) 3월 17일

임금이 장차 크게 사냥하려고 팔도의 군사를 징발하고 동·서반 관리들과 기술관 및 서리를 포함한 모든 관리를 몰이꾼으로 삼았다. 또 병조에다 각 도의 중을 몰이꾼으로 뽑아서 인원을 채우라 명했다. 그런데 건장한 자는 이미 다 환속한 후여서 늙고 병든 중만 뽑혀 와 굶어 죽은 자가 많았다. _ 연산 11년(1505) 9월 24일

7-8. 경연은 필요 없다

임금이 유순 등에게 전교하였다.

"옛사람이 이르기를 '어진 사대부를 자주 만나고 환관과 첩을 멀리하면 유익하다' 하였다. 그러나 경연에서 버릇없는 무리가 원한이나 불만을 품고 도리에 맞지 않는 말과 행동을 많이 하니 나갈 필요가 없다.

만약 나이 어린 임금이라면 당연히 여러 신하와 더불어 정치의 득실을 강론해야겠지만 나는 경연이 아니더라도 스스로 정사를 다스리는 명을 내리고 거둘 수 있다. 하니 반드시 경연에 나아가 학식을 더할 필요가 있겠는가. 그리고 비록 학문을 모른다고 해도 어찌 오래도록 나라를 다스리지 못하겠는가. 나라를 다스리는 것의 길고 짧음은 경연에 나아가는 데 있지 않다. 군자가 조정에 있고 소인이 초야에 있으면 조정이 스스로 맑아질 것이다. 그러니 경연을 안 하더라도 무엇이 해롭겠는가. 전일에 부지런히 경연에 나아가라고 아뢴 말들은 모두 옛 것만 따라서 하는 말이요, 진실로 임금을 위한 말이 아니다. 선왕은 경연에 자주 나아가지 않으셨어도 나라를 잘 다스렸고, 언관들도 이를 두고 감히 논하지 못했다." _연산 10년(1504) 8월 10일

7-9. 반정, 믿었던 신하들 손에 쫓겨나다

임금을 버리고, '쫓아내는' 신하들

임금은 스스로 자신의 소행이 도리를 잃었음을 알고 내심 부끄러워하였다. 그래서 사람의 도리를 혼란시켜서 자신과 같게 만들려고 했다. 사대부의 상례를 단축하고 효행이 있는 사람을 죽였다. 또한 형제를 죽이고 그의 첩을 다른 종친에게 주어 서로 범하게 해서 삼강이 끊어지고 인륜이 사라지게 했다. 해서 모든 신하가 배반하였고 친척들이 돌아섰다.

오직 임사홍과 구수영 그리고 아첨하는 간사한 무리만이 임금의 세력을 믿고 방자하게 굴었다. 이를 보면서도 대신의 반열에 있는 자들은 방관할 뿐이었다. 임금한테 총애받기를 원하거나 화를 당할까 두려워하며 사직을 보전할 계책을 도모하는 자는 아무도 없었다.

임금은 항상 귀양 간 사람들이 난을 일으킬 것을 염려해서 모두 외딴섬에 유배시켰고 고된 부역을 내렸다. 2품 당상관을 진유근

리시鎭幽謹理使라 칭하고 각각 종사관 1명씩을 거느리게 해서 죄인을 감시했는데, 이를 본 사람들은 곧 죽임당할 것을 예상했다.

임금은 시간이 갈수록 의심이 커져서 모두 죽이려고 하였다. 특히 용맹한 이장곤李長坤이 변을 일으킬 것을 걱정하여 유배지에서 잡아 와 죽이려고 했다. 이를 알아차린 이장곤이 도망가자, 크게 노한 임금이 상금을 걸고 빨리 체포하라고 독촉했다. 경조관京朝官을 보내고 모든 도에 있는 관원과 군사를 풀어서 이장곤을 잡게 하니 분위기가 흉흉하였다. 이때 이장곤이 사람을 모아 거병한다는 소문이 돌았다.

평성군 박원종과 전 참판 성희안은 같은 마을에 살았다. 만나서 시사를 논할 때마다 '나라의 법이 가혹해서 백성이 도탄에 빠졌으니 장차 종묘사직이 전복될 것이다. 그런데 대신들은 임금의 명을 따를 뿐 나라를 안정시킬 계책을 도모하는 자가 한 명도 없다. 우리는 성종께 큰 은혜를 입었는데 어찌 앉아서 보고만 있겠는가. 천명과 민심이 바라고 있으니 사직을 바로잡아야 한다' 하고는 반정反正을 계획했다. 그런데 참여할 자가 없었다.

부정 신윤무는 임금의 총애와 신임을 받는 자로 평소에 '변이 생기면 화가 내 몸에 미칠 것이다' 생각하며 근심하고 두려워하였다. 박원종 등에게 말하기를 '지금 신하들이 원망하여 배반하고 임금의 좌우에 있는 신하들도 모두 마음이 떠났으니, 환란이 반드시 일어날 것이오. 또 무용과 계략을 가진 이장곤이 도망갔으니 결코 그냥 잡혀 죽지는 않을 것이오. 만약 이장곤이 귀양 간 사람들을 모으고 군읍郡邑에 격문을 돌려 군사를 일으킨 후 한성으로 쳐들어온다면, 우리들은 가루가 될 뿐 아니라 사직도 다른 사람의 손에 넘어갈 것이오. 그때는 우리가 사직을 바로잡고자 해도 늦소'라고 하였다. 이 말을 들은 박원종 등이 뜻을 정하자 이조 판서 유순정이 함께하겠다고 하고, 장정·박영문을 불러 신윤무와 더불어 무사를 모으기로 약속했다. 또한 용구龍廐: 연산군 때 어마를 기르던 곳 중 하나에 있는 장수들도 각기 군사를 이끌고 오기로 하였다.

9월 1일 저녁에 모두가 훈련원에 모였을 때 성희안이 김수동·김감에게 함께하자고 했다. 김감은 즉시 따랐고 김수동은 두려워서 잠시 망설였으나 결국 따랐다. 또 지략과 경험이 많은 유자광과 함께하는 한편 사람을 보내 임사홍과 신수근·신수영을 죽였고, 개성부에 있는 신수겸도 벴다. 이를 들은 각 도의 백성들이 모여 들었다. 즉시 장수들을 편성해서 각기 군사를 거느리고 궁성을 에워싸게 했다. 또 옥에 있는 죄수들을 모두 종군하게 하니 밤 삼경이었다.

윤형로를 진성대군중종의 사저로 보내 반정의 사유를 아뢰고 임금으로 모시게 하였고, 이어서 비상 상황을 대비해 운산군 이계와 무사 수십 명에게 새 임금을 보호하게 하였다. 성희안 등은 모두 돈화문 밖에서 날이 밝기를 기다렸다. _ 연산 12년(1506) 9월 2일

임금을 버리고, '도망가는' 신하들

반정이 일어난 것을 알고 궁궐을 지키던 장수와 시종·환관들은 앞다투어 하수구와 개구멍으로 빠져나갔다. 궁궐이 순식간에 텅 비었다.

승지 윤장·조계형·이우가 황망한 얼굴로 변을 아뢰자 놀란 임금이 뛰어나와 승지의 손을 잡았는데 턱이 떨려서 제대로 말도 하지 못했다. 윤장 등은 상황을 살피고 오겠다고 핑계하고 모두 하수구로 달아났는데, 더러는 실족해서 뒷간에 빠지는 자도 있었다.

_ 연산 12년(1506) 9월 2일

7-10. 쓸쓸한 마지막

박원종 등이 내시에게 장수 두 명과 함께 가서 임금에게 옥새를 내놓고 동궁으로 옮길 것을 청하게 했다. _ 연산 12년(1506) 9월 2일

연산군을 강화도의 교동으로 유배 보냈다. 밤 2고鼓: 9시~11시에 봉사 안윤국이 와서 아뢰었다.

"폐주는 갓을 쓰고 붉은 옷에 띠도 매지 않고 땅에 엎드려서 명을 받았습니다. 가마에 타며 '내가 큰 죄를 지었는데 주상의 덕으로 무사하게 간다'라고 말했습니다." _ 중종 1년(1506) 9월 2일

교동 수직장 김양필과 군관 구세장이 와서 아뢰었다.

"이달 초 6일에 연산군이 역질로 죽었습니다. 죽을 때 다른 말은 없었고 다만 신씨를 보고 싶다고 하였습니다." _ 중종 1년(1506) 11월 8일

7-11. 사사된 어린 아들들과 홀로 남은 아내

영의정 유순·좌의정 김수동·우의정 박원종 등이 의논하여 아뢰었다.

"폐세자 이황李顗(10세), 창녕대군 이성李誠(7세), 양평군 이인李仁(9세)과 왕자 이돈수李敦壽(6세)는 오래도록 살려 둘 수 없으니 차라리 일찍 처단하소서."

임금이 전교하였다.

"황 등은 모두 나이가 어려 죽이지 못하겠다."

정승들이 다시 아뢰었다.

"전하께서 황 등을 측은히 여기는 마음은 알겠으나 살려 둘 수는 없습니다. 혹시 모를 일이 일어나면 죄 없는 사람에게까지 재앙이 미칠 수 있기 때문입니다. 다행히 지금은 백성의 마음이 안정되긴 했으나 사람 일은 또 모릅니다. 대의로써 결단하소서."

임금이 전교하였다.

"황 등의 일은 차마 결정하지 못하겠으나 종사에 관한 일이기에 정승들의 말을 과감히 따르겠다."

황·성·인·돈수를 사사하라 명하였다. _ 중종 1년(1506) 9월 24일

영의정 유순·좌의정 김수동·우의정 박원종 등이 의논하여 아뢰었다.

"연산군의 폐비 신씨가 지금 정청궁貞淸宮에 있는데, 폐비가 선왕의 후궁들과 함께 있는 것은 옳지 않습니다. 동대문 밖 광평대군 집으로 옮기는 것이 어떠합니까?"

임금이 전교하였다.

"잘못이 없는 폐비를 도성 밖으로 내치는 것은 정리상 안쓰럽다. 성안에 있어서 안 될 일이 있겠는가?"

정승들이 다시 아뢰었다.

"폐비는 친정인 신승선의 집을 수리해서 옮기는 것이 어떠합니까?"

임금이 "그렇게 하라" 하였다. _ 중종 1년(1506) 9월 24일

7-12. 총희들의 죽음

폐위된 연산군의 후궁 전전비田田非와 장녹수張綠水 그리고 백견白犬을 군기시 앞에서 베었다. 한성 백성들이 다투어 기왓장과 돌멩이를 그들의 음부에 던지면서 '일국의 고혈이 여기서 탕진됐다'라고 하였는데, 잠깐 사이에 돌무더기를 이루었다. _ 연산 12년(1506) 9월 2일

7-13. 연산군에 대한 이런저런 썰

반정의 원인은 큰어머니와의 간통?

임금이 세자를 봉양했다는 핑계로 박씨를 궁궐로 들어와 지내게 하고는 간통하였다. 어느 날 밤 임금이 궁궐에서 박씨와 함께 자는데 꿈에 큰아버지 정婷이 나타났다. 이를 밉게 여긴 임금이 내관을 시켜서 정의 묘에 한 길 길이의 쇠막대기를 꽂게 했다. 그러자 우레와 같은 소리가 들렸다. _ 연산 12년(1506) 6월 9일

월산대군 이정의 처 승평부부인 박씨가 죽었다. 사람들이 말하기를 박씨가 임금에게 총애받아 잉태하자* 약을 먹고 죽었다고 했다.

* 연산군이 큰어머니 박씨와 간통해서 임신시켰다는 이야기는 정황상 믿기 어렵다. 당시 연산군은 31세, 박씨는 52세였다. 연산군은 박씨 부인이 죽기 전까지 지극히 모셨다. 이런 기사는 박원종에게 중종반정의 명분을 주기 위함 같다. 또한 박씨는 남편 사후 불교에 심취해 수차례 대간의 질타를 받았다. 특히 연산 4년에는 그녀가 도성 안 사대부가 부녀들을 모아 홍복사에서 관등놀이를 하여 성리학적 풍속을 저해한다는 소리도 듣는다. 이런 점 때문에 박씨 부인에게 불명예스러운 이야기가 덧붙여진 것으로 보인다.

_ 연산 12년(1506) 7월 20일

음탕한 놀이를 위한 이동식 방

임금이 대궐 안에다 많은 방을 만들고 음탕한 놀이를 하는 곳으로 삼았다. 또 궁궐 밖으로 나갈 때면 가마 형태의 작은 방을 만들어서 사람들에게 들고 따라오게 했다. 그러다 흥청과 음탕한 놀이를 하고 싶으면 길에서도 이 안으로 들어갔는데, 이 방을 '거사'擧舍라 칭했다. _ 연산 11년(1505년 6월 18일

임금이 남의 눈을 피하려고 남루한 옷차림으로 경복궁에 가서 대비에게 잔치를 드린 후 내구마 1천여 필에 흥청을 태우고 탕춘대에 갔고, 길가에서 궁인과 간음하였다. _ 연산 12년(1506) 7월 7일

음탕한 왕

임금이 전교하였다.

"정희왕후세조비·안순왕후예종의 계비·소혜왕후덕종비로 인수대비를 칭함·공혜왕후성종의 첫번째 왕비·제헌왕후폐비 윤씨·대비전·중전의 족친에게 오는 단오일에 내·외청에서 잔치를 열어 주라. 옛말에 '친족을 친근히 한다' 하였으니 촌수는 멀더라도 동성 팔촌과 이성 육촌은 모두 들어와 참여하게 하며, 외방에 있는 자도 올라오게 하라."

사신은 논한다. 임금의 음탕함이 나날이 심해졌다. 매번 족친과 선왕의 후궁을 모아 술을 마시게 하며 그중에 마음에 드는 사람이 있으면 장녹수와 궁인을 시켜서 누구의 아내인지 비밀리에 알아보게 하고, 궁궐에 묵게 한 후에 밤낮 없이 간음했다. 잔치 후에 4, 5일이 지나도록 나가지 못한 사람으로는 우의정 박숭질의 아내, 남천군 이쟁의 아내, 봉사 변성의 아내, 총곡수의 아내, 참의 권인손의 아내, 승지의 윤순의 아내, 생원 권필의 아내, 중추 홍백경의 아내다. 이들은 다 추문이 있었는데, 홍백경은 임금의 고모인 명숙공주의 아들로 임금의 고종사촌형이다. 홍백경의 아내는 남편이 죽고 과부로 살았는데 아름답다는 이야기를 듣고 임금이 간통하였다. _ 연산 11년(1505) 4월 12일

임금이 궁인들을 거느린 채 후원에서 종일 희롱하며 놀고 노래하면서 춤추었다. 이날은 폐비 윤씨의 기일이었다. 임금은 또 발가벗고 교합하기를 즐겼는데 많은 사람이 있는 데서도 꺼리지 않았다.
_ 연산 12년(1506) 8월 15일

八. 연산군 시대를 산 사람들

8-1. 연산군의 버팀목, 노사신

사림의 반대에도 수륙재를 옹호하다

노사신盧思愼이 아뢰었다.

“나라의 흥망이 조석에 달렸는데 이를 아뢰지 않고, 불교의 수륙재를 지내도 괜찮다는 사특한 말을 아뢰었다는 이유로 대간이 신을 죄주라고 상소를 올렸습니다. 하지만 나라의 흥망이 조석에 달린 일이라면 신이 어찌 고하지 않았겠습니까. 이 일은 나라의 흥망과 관련 없는 작은 일입니다. 그리고 사람이 애통할 때 마음을 번잡하게 해서는 안 되는 것입니다. 더욱이 지금은 전하께서 초상 중이십니다. 초상 중에는 말을 삼가야 하기에 신은 전하께서 신하의 말에 답하는 것도 덕이 깎이는 것이라 여겼습니다. 그래서 전하께 ‘반드시 답하실 것 없다’라고 아뢴 것입니다. 이것이 어찌 대간의 말을 다 받아들이지 마시라 한 것이고, 사특한 도를 따르라고 권한 것입니까.

이렇듯 신이 생각하지도 않은 일로 대간에서 배척하며 그르다고 하니, 신은 가슴이 아프고 민망할 뿐입니다. 또한 대간과 홍문관뿐만 아니라 성균관의 유생들까지 신을 그르다고 하는데, 대신으로서 부끄러움도 없이 직에 계속 나갈 수는 없습니다. 해임해 주시길 청합니다."

임금이 전교하였다.

"그때 경이 한 말은 그들이 주장하는 것과 다르고, 곁에 있던 승지들이 다 들어서 안다. 그런데 어찌 해임하겠는가." _ 연산 1년(1495) 1월 22일

자신을 배척한 사림을 살리다

노사신·한치형·유자광·성준이 김일손의 사초 사건 관련자에 대해 아뢰었다.

"권오복은 늙은 어미가 있고 권경유는 장성한 아들이 있다고 합니다. 이들의 죄는 법에 따르면 교형에 처해야 합니다. 하지만 권오복 등은 남을 해치려는 마음을 문자로 쓴 것뿐으로 실제 반역을 일으킨 것과는 거리가 있습니다. 해서 대역죄로 논하긴 했지만 대역이라고 하지 않았던 것입니다. 그러니 지금 부자가 연좌되는 것은 사리에 맞지 않습니다."

윤필상이 아뢰었다.

"신의 생각은 법에 따라 시행하셨으면 합니다."

이에 임금이 전교하였다.

"대역죄에 부자가 연좌된 것은 그 뿌리와 그루 그리고 가지와 잎을 모두 끊어 버리자는 뜻이다. 경의 말과 같다면 어찌 처리하면 되겠는가?"

노사신이 아뢰었다.

"제왕이 죄인을 논단할 때 조금만 가엾은 일이 있어도 반드시 살릴 길을 구합니다. 이 무리는 대역죄라고 해도 실제 난을 일으킨 자와는 비교할 것이 못 됩니다. 그 아비나 자식은 죽음을 감해 주는 것이 정情과 사리事理에 합당합니다."

임금이 전교하였다.

"그렇다면 사형은 감해 주고 곤장 1백 대를 때리고 종으로 만들어서 고된 역에 배정하라." _ 연산 4년(1498) 7월 28일

선성부원군宣城府院君 노사신의 자는 자반子胖이요, 호는 보진葆眞이다. 어려서 글을 읽을 때 하루에 수백 단어를 기억했고, 계유년1453년에는 문과에 급제해서 집현전 학사로 제수되었다가 수찬으로 승진하였다.

72세로 사망한 노사신에게 시호로 문광文匡을 내렸다. 넓게 듣고 많이 보는 것博聞多見을 문文이라 하고, 마음이 곧고 도량이 큰 것貞心大度을 광匡이라 한다.

노사신은 마음속에 품은 생각을 터놓았고 소탈해서 겉치레를 일삼지 않았으며 재산을 늘리려고 하지 않았다. 뜻이 밝고 역사서

를 많이 읽어서 모르는 것이 없었으며 불경과 도교에 관한 책도 모두 보았다. 말년에 지내는 곳을 천은당天隱堂이라 이름하고 옛사람의 글씨와 책을 모으며 즐겼다. 다만 세조가 용문사에 갔을 때 구름을 가리키며 신하들에게 이르기를, '백의를 입은 관음보살의 모습이다' 하자, 신하들은 쳐다보기만 하고 대답하지 않았는데 노사신만이 크게 '관음이 저기 있다'라고 외쳤다. 사람들이 그 아첨을 미워하였다.

성종조에는 정승이 되었으나 건의한 것이 없었다. 금상이 즉위한 처음에 영의정이 되었는데 임금이 수륙재 건으로 대간을 국문하려 하자 노사신이 '신은 기쁜 마음으로 하례를 올립니다' 하였고 성균관의 학생이 지방으로 쫓겨날 때는 이를 찬성해서 사림들이 이를 갈았다.

그러나 노사신은 남을 해치는 성품이 없었다. 무오사화 때 옳은 말하는 선비를 미워한 윤필상·유자광·성준 등은 이들을 붕당이라 지목해서 사림을 일망타진하려 했다. 그런데 노사신 홀로 '동한東漢에서 이름난 선비들을 옥에 가두어서 나라가 망했다. 아래에서 공정한 언론이 나오는 것을 막아서는 안 된다'라고 강력하게 구원하였다. 노사신 덕에 목숨을 부지한 선비가 아주 많았다. _ 연산 4년 (1498) 9월 6일 노사신 졸기 중

8-2. 간언하다 죽은 내시 김처선*

임금이 전교하였다.

"내시 김처선金處善이 술에 취해서 감히 임금을 꾸짖었다. 재산을 몰수하고 그 집을 연못으로 만들라. 그의 본관本貫인 전의全義현 세종시를 강등하라." _ 연산 11년(1505) 4월 1일

임금이 내시 김처선을 궁궐에서 죽이고 그의 양자 이공신도 죽였다. _ 연산 11년(1505) 4월 1일

임금이 전교하였다.

"처處 자는 죄인 김처선의 이름에 쓰인 글자이니 이제부터 모든 문서에 처 자를 쓰지 말라." _ 연산 11년(1505) 7월 19일

* 영조(英祖)는 내시 김처선이 연산군에게 간언하다가 죽임을 당했다고 하지만 중종 7년 12월 4일 기사를 보면, 『속삼강행실』(續三綱行實)에 김처선의 내용을 싣자고 하자, 중종은 김처선이 술에 취해서 임금에게 망령된 말을 한 것이라며 수록하지 말라고 한다.

영조가 환관 김처선의 정문旌門을 세우라 명했다. 김처선은 연산조 때의 사람으로 임금께 여러 번 충성 어린 말을 올렸다. 하지만 연산군이 그를 미워하여 호랑이 굴에 던졌는데 호랑이가 잡아먹지 않자 결박해서 죽였다.

이때에 이르러 영조가 하교하였다.

"임금이 충성을 다한 신하에게 정문을 세워 주는 것은 백성을 올바른 길로 이끄는 큰 정치이기에 미천한 신하에게도 반드시 해 주어야 한다. 내시 김처선이 충성 어린 간언을 하다가 죽임을 당했다는 말이 오래도록 내려오고 있다. 이는 마땅히 칭찬하고 권할 일이니 2백 년이 지나 후사를 세워 준 것은 그 뜻이 또한 깊다. 요즘 같은 말세에 마땅히 칭찬하고 권할 일이니 해당 관사는 특별히 정문을 세워 주라." _ 영조 27년(1751) 2월 3일

8-3. 시대의 간신 임사홍

아픈 세자를 지극 정성으로 모시다

임금이 정승들과 승정원에 전교하였다.

"나는 자손의 번성을 간절히 희망했으나 수년 동안 연달아 세 아이를 잃었다. 최근에는 대군이 또 병들어 위태로운 지경이었는데 임사홍 집으로 가서 병이 나았다. 사람이 죽고 살고 장수하고 단명하는 것은 타고난 운명이지 임사홍의 집으로 옮겼다고 해서 나은 것이 아님은 나도 안다. 하지만 너무 기뻐 임사홍에게 작위를 더해 주려 한다. 작록爵祿이 중한들 어찌 자식의 목숨과 바꿀 수 있겠는가? 임사홍에게는 법을 초월해서 품계를 올려 주고, 임숭재는 일찍이 집을 오가며 애쓴 노고가 있고, 의원들 또한 치료에 공이 있으니 아울러 품계를 올려 주는 게 어떠한가?"

모두 아뢰기를, "지당하십니다" 하였다.

이때 임사홍은 임금에게 통제구역을 설치하라고 권하였고, 임숭재는 미색 있는 여인을 궁궐로 들이는 것을 주관했으며, 김흥

수·고세보·김공저는 임금에게 양기를 보호하는 방술을 가르쳤다. 이번에 내려진 명은 대군의 병을 치료해서이긴 하지만, 실상은 이들이 임금의 비위를 잘 맞췄기 때문에 내려진 것이다. _ 연산 10년(1504) 8월 8일

나의 벗 활치옹

임사홍은 음험하고 간사한 자로 성종 때 30년이나 내쫓기어 항상 이를 갈았다. 그러다 아들 임숭재가 옹주에게 장가들면서 궁궐을 출입할 수 있게 되자 임금의 비위를 잘 맞추었다. 임금이 크게 기뻐하여 높은 품계로 발탁해서 아무 때나 궁궐로 불러들이고 하고 싶은 일이 있으면 임사홍에게 말하지 않는 것이 없었다.

임사홍은 부름을 받으면 반드시 허름한 복장을 하고 어둠을 타서 편문便門으로 궁궐에 들어갔다. 임사홍의 이가 부러져 사이가 넓었기 때문에 임금은 항상 나의 벗 활치옹豁齒翁이 왔다며 그를 반겼다. _ 연산 12년(1506) 9월 2일

8-4. 진짜 간신은 임숭재

아첨의 최고봉

임금이 전교하였다.

"임숭재가 병이 있으니, 도총부都摠府: 조선 시대 중앙의 최고 군사기관으로 오위(五衛)의 군무(軍務)를 맡아 보던 관청의 당직을 면해 주라."

임숭재는 임사홍의 아들로 공주에게 장가들었는데, 천성이 맑지 못하고 아첨과 아양으로 임금의 뜻을 잘 맞추었다. 임금이 그를 매우 사랑해서 여러 부마 중 그처럼 총애받는 자가 없었다.

성종조에 아비가 뜻을 얻지 못하는 것을 분하게 여긴 임숭재는 늘 이를 갈았다. 임금의 뜻이 바른길을 벗어나자 그 비위를 맞추어 권세를 얻었다. 아비와 함께 수시로 궁궐에 불려 들어갔는데 사복 차림으로 궁궐의 후원으로 출입하였다.

임금 역시 자주 임숭재의 집을 찾았다. 임금이 음란하게 행동하고 늘 술에 취해 있으며 사람을 쉽게 죽인 것은 모두 임숭재 부자가 인도한 것이다. 그의 세력이 막강해져 나라를 휩쓰니, 조정의 신하들은 그를 향해 눈을 흘겼고 간사한 소인의 무리는 그를 많이 따랐다.

임금이 일찍이 임숭재를 경상도로 보내서 아름다운 여자와 좋은 말을 구하게 했었다. 백성들은 이 소문을 듣고 도망가기도 했고, 셀 수 없이 뇌물을 주기도 했는데 임숭재는 만족하지 않고 끝없이 거두어들였다. 옥으로 꾸민 가마를 타고 사람들에게 이를 메게 했는데, 앞에서 당기고 뒤에서 옹위한 채 길을 막고 지나가므로, 구경하는 사람들이 이를 두고 '임금의 행차다'라고 하였다.

그가 돌아오자 임금이 승지들에게 명해 잔치를 내려 위로하였다. 임숭재가 죽자 임금이 매우 슬퍼하며 항상 우울한 얼굴로 즐거워하지 않았다. 후에 부마 민자방閔字芳·남치원南致元이 아첨했지만, 임숭재 같은 자는 없었다. _ 연산 10년(1504) 윤4월 27일

누이동생까지 바치다

임숭재는 임사홍의 아들로서 성종의 딸 혜신옹주惠愼翁主에게 장가들었는데, 간흉하고 교활하기가 그 아비보다 심했고, 임금에게 사랑받으려고 정성스럽게 섬겼다. 임금의 행동을 살펴서 여러 번 미녀를 바치니 임금이 매우 총애하고 신임하였다.

임금이 임숭재 집 사면에 있는 인가 40여 채를 헐고 담을 쌓아서 창덕궁과 맞닿게 만들고 자주 그의 집에 가서 술 마시고 노래하면서 밤을 새웠다.

임숭재는 누이동생인 문성정文城正 이상李湘의 처에게 임금의 잠자리를 모시게 했고, 임금은 임숭재의 아내인 옹주까지 간통하였다.

하루는 임금이 임숭재 집의 작은 정자에 앉아서 '이 정자가 매우 맑고 깨끗하다'라고 말하자, 임숭재가 그 앞에 꿇어앉아서 '신이 이 정자를 열어 놓고 임금의 수레를 기다린 지 오래되었습니다'라고 하였다. _ 연산 11년(1505) 11월 1일, 임숭재 졸기 중에서

취향이 같은 유일한 짝

임숭재는 노래와 춤에 능했다. 춤을 출 때는 아이처럼 온몸의 마디를 자유자재로 해서 재롱을 떨었다. 특히 처용무에 능했고 활쏘기와 말타기도 잘했다. 임금이 기뻐하며 임숭재와 짝이 되어 날마다 노래하고 춤추고 활 쏘고 말을 달렸다.

임숭재도 은총을 믿고 아비와 더불어 날마다 음흉한 모략을 꾸며 평소 꺼리고 미워한 자에게는 모두 보복하였다. 또한 자기에게 붙는 자는 비천한 무리여도 반드시 천거해서 임용케 했다. 이처럼 조정을 흐리고 임금의 악을 자라게 하는 데 안 한 일이 없었다.

그가 병들어 죽어 간다는 말을 듣고 임금이 내시를 보내서 남길 말을 묻자, '죽어도 여한이 없으나, 다만 미인을 바치지 못한 것이 한입니다'라고 대답했다.

그가 죽자 임금은 몹시 슬퍼하며 승지 윤순을 보내 조문하고 부

의를 특별히 후하게 주었다. 빈소를 차린 후에 임금은 그의 처와 간통한 일을 염려해서 내시를 보내 관을 열고 무쇠 조각을 시체의 입에 물려 나쁜 기운을 억눌렀다. _ **연산 11년(1505) 11월 1일, 임숭재 졸기 중에서**

8-5. 서얼 출신의 유자광

어려서는 무뢰배

유자광은 부윤府尹 유규柳規의 서자로 날래고 힘이 세었으며 원숭이처럼 높은 나무를 잘 탔다. 어려서는 무뢰배 짓을 했는데, 내기 장기와 바둑으로 재물을 다퉜고, 새벽이나 밤에 돌아다니며 길가에서 여자를 만나면 강간했다. 미천한 서자로 행동마저 이처럼 방종하고 패악스러우니, 아버지 유규는 여러 번 매질했을 뿐만 아니라 자식으로 여기지 않았다.

처음에는 말단 갑사가 되어 경복궁 건춘문建春門을 지켰는데 야인과의 전쟁에 상소를 써서 세조에게 발탁되었다. 그후 무자년에는 고변한 공남이의 반역을 인정받아 높은 품계를 받았다.

유자광은 스스로 자신을 호걸 지사라 칭했다. 그러나 성질이 음흉해서 남을 잘 해쳤고 자신보다 재능과 명예가 높은 사람이 있으면 반드시 모함했다. _ 연산 4년(1498) 7월 29일

공도 없으면서 스스로 반정공신 1등으로

도승지 홍경주가 임금중종께 아뢰었다.

"반정을 성공시킨 박원종, 성희안, 유순정 세 명의 대장에게 죄인들의 집을 상으로 내리셨는데 그들의 재산도 아울러 하사하소서. 유자광의 공은 세 사람에 버금가니 삼대장에게 내린 것처럼 주시고 다른 공신들은 여기에 비교할 것이 아닙니다."

임금이 '그리하라' 하였다.

사신은 논한다. 유자광은 본래 모의에 참여하지 않았다. 하지만 살면서 여러 차례 큰일을 겪은 인물이기에 거사하는 날 삼대장이 사람을 보내 상황을 알렸다. 그러자 유자광은 상대가 말을 끝내기도 전에 일어나 뛰쳐 나와 합류하였다. 반정이 성공한 후에는 공도 없으면서 논공 심사를 맡고는 삼대장의 바로 아래에 자신의 이름을 넣었다. _중종 1년(1506) 10월 18일

8-6. 반정의 진정한 원인, 명사수 이장곤

이극균의 천거를 받은 게 죄다

임금이 전교하였다.

"이장곤李長坤이 이극균과 잘 아는 사이가 아니라면, 이극균이 그 많은 하급 관리 중에 특별히 이장곤만 재능이 있다면서 천거했겠는가?" _ 연산 10년(1504) 10월 23일

내 능력으로 천거받은 것입니다

이장곤은 공초에서 '과거에 급제한 뒤 8개월 동안 활쏘기 시험에서 여러 차례 수석 해서 천거된 것이지, 이극균의 권세에 의지해서 천거받은 것이 아닙니다'라고 하였다.

이를 본 임금이 전교하기를 "더 고문하라" 하였다. _ 연산 10년(1504) 11월 6일

죽더라도 자백을 받아 내라

임금이 전교하기를 "이장곤은 곤장 1백 대를 치고 직첩을 뺏은 후 섬으로 내쫓으라" 하였다. _ 연산 11년(1505) 5월 22일

임금이 전교하였다.

"인재를 천거할 때는 공론을 따라야 하는데, 이극균이 유독 이장곤 같은 자를 천거한 것은 연줄 때문일 것이다. 직을 내리는 명령은 임금에게 있는데, 이장곤이 신하에게 붙어서 직을 얻었으니 이는 불가한 일이다. 관찰사는 이장곤을 국문하라. 자백하지 않으면 목숨이 끊어지더라도 고문하라." _ 연산 12년(1506) 7월 6일

도망간 이장곤이 거병한다는 소문

남해근리사南海謹理使 유방柳房이 "죄인 이장곤이 도망갔습니다"라고 치계馳啓: 말을 달려 와서 아뢺를 올렸다.

임금이 전교하였다.

"이장곤의 집을 즉시 폐쇄하고 그의 부모·동생과 족친을 가두라. 의금부 관리를 보내 형 이장길李長吉을 함께 잡아 오라. 붙잡아 올 때는 손바닥을 꿰어서 수갑 채우고 칼을 씌우라."

이어 전교하였다.

"이장곤이 활을 잘 쏘니 의금부 낭원 중에 활 잘 쏘는 무신 두 명을 보내 놈을 잡게 하라. 놈이 숨은 장소를 고한 자는 익명서

의 출처를 고한 자에게 주는 것과 똑같이 상을 내리라." _ 연산 12년(1506) 8월 17일

이장곤이 도망가자, 크게 노한 임금이 상금을 걸고 빨리 체포하라고 독촉했다. 경조관京朝官을 보내고 모든 도에 있는 관원과 군사를 풀어서 이장곤을 잡게 하니 분위기가 흉흉하였다. 이때 이장곤이 사람을 모아 거병한다는 소문이 돌았다.

부정 신윤무는 박원종 등에게 말하기를 '지금 신하들이 원망하여 배반하고 임금의 좌우에 있는 신하들도 모두 마음이 떠났으니, 환란이 반드시 일어날 것이오. 또 무용과 계략을 가진 이장곤이 도망갔으니 결코 그냥 잡혀 죽지는 않을 것이오. 만약 이장곤이 귀양 간 사람들을 모으고 군읍郡邑에 격문을 돌려 군사를 일으킨 후 한성으로 쳐들어온다면, 우리들은 가루가 될 뿐 아니라 사직도 다른 사람의 손에 넘어갈 것이오. 그때는 우리가 사직을 바로잡고자 해도 늦으오'라고 하였다. 이 말을 들은 박원종 등이 뜻을 정하자 이조 판서 유순정이 함께 하겠다고 하고, 장정·박영문을 불러 신윤무와 더불어 무사를 모으기로 약속했다. 또한 용구龍廐에 있는 장수들도 각기 군사를 이끌고 오기로 하였다. _ 연산 12년(1506) 9월 2일

8-7. 당상관의 옷을 입고 활개 친 도적 홍길동

영의정 한치형·좌의정 성준·우의정 이극균이 아뢰었다.

"강도 홍길동洪吉同을 잡았다고 합니다.* 백성을 위해 해로움을 제거하는 것 중 이보다 큰 것이 없으니, 이번에 그 무리를 다 잡도록 하소서."

임금이 그대로 좇았다. _ 연산 6년(1500) 10월 22일

의금부 위관 한치형이 아뢰었다.

"강도 홍길동은 사헌부 관원처럼 갓 꼭대기에 옥 장식玉頂子을 달고 가슴에는 붉은 띠紅帶를 두른 차림으로 스스로 첨지僉知: 무관 정3품 당상관라 칭했습니다. 또한 대낮에 무기를 들고 떼를 지어 관아에 드나들었다고 합니다. 상황을 보면 그 지역의 백성과 하급

* 이때 홍길동을 잡았으나 이후 어떤 처분을 받았는지는 실록에 나오지 않는다. 허균의 소설 『홍길동전』(洪吉童傳)의 실제 모델이다.

관리 그리고 유향소의 품관品官: 품계만 있고 직이 없는 관리들은 그의 정체를 모를 수가 없습니다. 그런데 고발하지 않았으니 징계해야 합니다. 이들을 모두 변방으로 옮기는 것이 어떠하리까."

임금이 전교하기를 "알았다" 하였다. _ 연산 6년(1500) 12월 29일

8-8. 홍길동의 주인, 엄귀손

욕심 많은 파렴치한

영의정 한치형·좌의정 성준·우의정 이극균이 아뢰었다.

"엄귀손嚴貴孫은 본래 탐욕한 자로 동래 현령일 때 관사 물건을 도둑질해서 파면당했습니다. 이후 평안도 절도사의 부장이 되어서는 공물을 훔쳐서 쫓겨났습니다. 그가 탐심이 많고 비루한 것은 모두 알고 있습니다.

또 일찍이 평민 여자가 이쁘면 자신의 첩으로 삼고 미우면 종의 처로 줘서 강제로 평민을 천인으로 만든 일이 많았습니다. 엄귀손은 원래 종과 재산이 없었는데 지금은 서울과 지방에 집이 있고 곡식이 3~4천 석이나 됩니다. 이토록 부유하게 된 이유가 있을 것이니 강도 홍길동과 내통한 죄를 끝까지 국문하소서."

임금이 그대로 좇았다. _ 연산 6년(1500) 11월 6일

군공으로 당상이 되다

임금이 전교하였다.

"홍길동의 신문 내용을 보니, 엄귀손은 홍길동의 주인일 뿐만 아니라 같은 무리이다. 이런 자가 어떻게 벼슬이 당상까지 올라간 것이냐? 정승들을 불러서 홍길동이 답변한 것을 보이라."

영의정 한치형·좌의정 성준·우의정 이극균이 아뢰었다.

"엄귀손은 바른 행동이 아니라 군공軍功으로 당상이 된 자입니다. 그런 자와 같은 관리로 있었다니, 신들은 부끄러워 견딜 수 없습니다." _ 연산 6년(1500) 11월 28일

엄귀손이 옥에서 죽었다. _ 연산 6년(1500) 12월 21일

8-9. 연산군을 쥐락펴락하며 전횡을 휘두른 장녹수

노비 출신의 유부녀

장녹수의 형부 김효손을 사정司正으로 삼았다. 장녹수는 제안대군齊安大君: 예종의 아들 집의 노비로 눈치가 있고 영리하여 사람의 뜻을 잘 맞추었다. 어려서 집이 매우 가난하여 몸을 팔아 생활하며 시집을 여러 번 갔다. 그러다가 대군大君 집 노비의 아내가 되어 아들 하나를 낳았고, 그 뒤로 노래와 춤을 배워서 기생이 되었다.

노래를 잘하였는데 입술을 움직이지 않고도 맑은 소리를 냈다. 나이 서른에도 얼굴이 열여섯 살 같았다. 임금이 장녹수의 노래를 듣고 기뻐하여 궁중으로 맞아들였다. 나날이 총애가 커져 임금은 장녹수가 말하는 것은 모두 좇았고 숙원淑媛으로 봉했다.

장녹수는 얼굴은 어여쁘지 않았으나 요사스러운 아양은 견줄 사람이 없었다. 임금이 여기에 넘어가 온갖 재물과 금은 주옥을 주어 그녀의 마음을 기쁘게 했고, 내려 준 노비·전답·가옥 또한 이루 셀 수가 없었다.

장녹수는 마치 어린아이를 대하듯 임금을 조롱하였고 노예를 대하듯 임금에게 욕도 하였다. 임금은 몹시 노했다가도 장녹수만 보면 기뻐하며 웃었고, 상벌을 내리는 것 또한 모두 장녹수의 입에 달렸다. 그래서 그 형부 김효손이 높은 관직에 오를 수 있었다.
_ 연산 8년(1502) 11월 25일

연산군과의 공감 코드

임금이 나인을 거느리고 후원에서 잔치하며 스스로 풀피리 두 곡조를 불고 탄식하며 말하였다.

"인생은 초로와 같아 / 만날 때가 많지 않구나."

임금이 읊기를 마치고 눈물을 흘렸다. 이를 본 여러 궁인은 몰래 비웃었는데 전전비와 장녹수 둘만은 눈물을 머금고 슬피 흐느꼈다.

임금이 전전비와 장녹수의 등을 어루만지며 말하였다.

"지금은 태평해서 불의의 변은 없겠지만, 만약 변고가 생기면 너희는 반드시 화를 면하지 못하리라."

그리고 두 사람에게 각각 물건을 하사하였다. _ 연산 12년(1506) 8월 23일

장녹수가 낳은 연산군의 딸 이영수

예조의 보고를 받은 의정부가 임금중종께 청하였다.

"폐주가 장녹수와 정금이를 어여삐 여겼으니, 장녹수가 낳은 이영수李靈壽와 정금이 낳은 이함금李咸今에게 각각 집과 노비 15명 그리고 밭 5결結: 세금을 징수하기 위한 토지 면적 단위 중 하나을 내려 주시고, 왕실의 계보를 적는 『선원록』璿源錄에 이들을 올려 주소서."

임금이 이를 윤허하였다. _ 중종 12년(1517) 9월 1일

이쁜 것들은 용서 못 해

임금이 전교하였다.

"궁인 전향田香과 수근비水斤非*는 중죄를 범했으니, 재산을 몰수하고 전향은 강계로, 수근비는 온성으로 유배 보내라."

그리고 의정부에 전지하였다.

"부인의 행실 중에서 가장 어진 것이 투기하지 않는 것이다. 그래서 휘늘어지는 나무와 칡과 덩굴이 감기듯 왕후가 질투하지 않을 때 메뚜기처럼 자손이 번성한다는 가르침이 있고, 첩의 참소에

* 전향과 수근비는 아름다워서 연산군의 총애를 받는다. 이를 시기 질투한 장녹수는 두 사람이 투기했다고 모함해서 형장을 맞고 유배당하게 만든다. 그 후 장녹수의 집에 왕을 비난하는 익명서가 붙었는데, 장녹수는 전향을 주모자로 지목한다. 연산군은 전향의 부모 형제와 친척들을 잡아 와서 고문했으나 자백하는 사람이 없었다. 하지만 연산군은 익명서 건으로 귀양지에 있는 전향과 수근비를 능지처참한 후 머리를 외딴섬에 묻게 하고, 가족은 죽이고 가까운 친척은 멀리 귀양 보냈다.

넘어가면 어진 부인을 불행하게 만든다는 고사가 있으니, 이를 거울삼아 늘 경계해야 한다.

그런데 사특한 마음으로 아양을 떨어 임금의 마음을 흐리게 하고 세상을 어지럽게 만드는 자가 끊이지 않고 있다. 이걸 두고 '화란이 하늘에서 내려오는 것이 아니라 부인에게서 온다'고 하는 것이다.

정식으로 예를 갖춰 맞은 아내도 덕으로 아랫사람을 대해야 하는데, 하물며 후궁이나 첩이 질투하는 마음을 가져서야 되겠느냐? 성종께서는 명철하셨지만 참소로 왕후를 죽이는 변을 가져왔다. 내 대에 또 이런 일이 있어서야 되겠느냐? 애초에 조심하지 않으면 서서히 스며들어 나중에는 마음과 뜻이 변해 화를 막을 수 없게 된다.

간사하고 흉악한 전향과 수근비가 교만한 마음으로 투기해서 내명부의 교화를 막히게 하였으니, 그 죄는 용서할 수 없다. 장 80을 때려 먼 변방으로 내쳐서 뒷사람들이 경계하게 하고 백성들에게 이런 내 뜻을 알리라." _ 연산 10년(1504) 4월 25일

임금을 흉 본 전향과 수근비의 목을 베소서

추관推官 유순 등이 빈청에서 홍청 전향의 부모와 동생·족친 등을 국문했는데 사관이 국문장에 들어가지 못해서 다 듣지 못하였다.

임금이 전교하였다.

"죄를 지은 정황은 명백하지만 고문하지 않으면 자복하지 않을 것이다. 이 익명서는 분명히 궁궐 안의 일을 아는 자가 쓴 것이다. 이 익명서 건은 오래된 일이지만 중요하기에 끝까지 파헤치지 않을 수 없다. 이는 내가 덕이 없어서 생긴 일로 부끄럽다. 그 부모 및 종을 형신하고 불로 지지는 단근질烙刑을 해서 국문하라."

추관들이 낙형을 써서 김이덕·최금산·자마지·춘금·향비를 고문했으나, 다 승복하지 않았다.

임금이 전교하였다.

"장 숙용 집의 종 돌동이가 익명서를 발견했는데, 그때 한 여인이 고깔 모양의 기름칠한 모자를 쓰고 지나가며 말하기를 '이 문에 붙은 글은 이 집에 관계되니 떼어 가서 보라…'고 했다. 돌동이 익명서를 떼느라 그 여인을 못 잡았다고 한다. 긴 모자를 쓴 것은 얼굴을 가리기 위해서일 것이다. 다른 사람이 지은 것처럼 속였지만 궁중에 있는 자의 소행이기에 삼족을 멸하고자 한다. 미천한 방자도 대궐에서 나가면 궁중의 일을 말할 수 없거늘, 하물며 전향은 오래도록 후궁의 대우를 받았으면서 어찌 이럴 수 있단 말이냐. 의금부 낭청은 빨리 귀양지로 가서 능지처참하고, 그 부모와 동생 및 집안 사람을 낙형해서 정상을 알아내라."

이어 또 전교하였다.

"전향의 부모와 동생·집안 사람들에게 '주모자 전향은 이미 능지되었다. 너희들은 바른 대로 아뢰라' 하고 다그쳐 물으라. 또 의금부 낭청을 온성에 보내 수근비도 능지하라."

이는 장녹수가 참소하였기 때문이다. 모습이 고운 전향과 수근비를 장녹수가 시기하여 밤낮으로 임금에게 참소하였다. 하여 두 사람과 그들의 부모 형제가 하루아침에 다 죽었다. _ 연산 10년(1504) 6월 9일

감히 신첩의 치마를 밟았습니다

임금이 승정원에 전교하였다.

"하급 기생인 운평 옥지화玉池花가 숙용의 치마를 밟았다. 오만하게 윗전에 무례를 범했으니 무거운 벌을 줘야겠다. 승지 강혼은 옥지화를 밀위청密威廳*으로 데려가서 고문하라. 이 뜻으로 의정부·육조·한성부·대간은 의논하여 아뢰라."

영의정 유순, 좌의정 박숭질, 좌찬성 김감, 우찬성 김수동, 좌참찬 신준, 호조 판서 이계남, 공조 판서 한사문, 한성부 판윤 민효증, 대사헌 반우형, 호조 참판 박열, 예조 참판 안윤량, 공조 참판 정광세, 한성부 우윤 김무가 의논하여 아뢰었다.

"옥지화의 죄는 지극히 태만하고 무례한 것이니 성상의 분부가 지당합니다. 명하여 머리를 베소서."

* 연산군 11년(1505)에 당직청(當直廳)을 밀위청으로 고쳤다. 주로 관원들의 처벌을 담당하였고 내관을 비롯해 종친과 기생 등의 죄를 다스리거나 익명서를 처리하였다. 중종반정 직후에 다시 당직청으로 개칭되었다.

임금이 전교하였다.

"옛말에 '그릇이 깨질까 봐 쥐를 못 잡는다'**라고 했다. 이는 천하에 지극히 천한 것이 질그릇인데 이것으로 요강을 만든다면 진실로 천하지만, 만약 궁궐에서 쓸 물건을 만든다면 천하게 여길 수 없다는 뜻이다. 운평이 숙용이나 숙원뿐만이 아니라 취홍원에 있는 자도 저와 다르지 않다고 여기고 조금이라도 능멸했다면 크게 불경한 것이다. 이런 자는 마땅히 죄주어야 한다." _ 연산 11년(1505) 11월 7일

옥지화의 목을 베라

임금이 전교하였다.

"오늘 군기시 앞에서 옥지화를 목 베어라. 다시는 이런 일이 없도록 그 머리를 취홍원·뇌영원에 돌려 보이고, 연방원에 걸어 두라." _ 연산 11년(1505) 12월 23일

임금이 승정원에 전교하였다.

"옥지화의 죽음을 두고 법을 따르지 않은 형벌이라고 할 것이

** 투서기기(投鼠忌器): 『한서』(漢書) 「가의전」(賈誼傳)에 나오는 말로, 돌을 던져 쥐를 잡으려다가 그릇을 깰까 겁낸다는 뜻이다. 임금 곁의 간신을 제거하려 해도 임금에게 누(累)가 미칠까 두려워한다는 말. 위 기사에서 연산군이 뒤에 한 말과는 의미가 통하지 않는다.

다. 그러나 지금 홍청은 첩지를 받은 후궁과 마찬가지다. 그런데 운평들이 아직도 제 동료로 여겨 업신여기고 있다. 하늘이 사람을 낼 때 처음부터 귀한 자가 있겠는가. 윗사람이 명성과 지위를 더해 준 후에야 높고 낮은 것이 정해지는 것이다. 최근에 미관말직이었던 조계형曺繼衡이 특별히 당상을 제수받자, 사람들이 모두 공경한다. 이는 그 사람을 공경하는 것이 아니라 임금의 명을 공경하는 것이다. 그런데 옥지화는 장숙용의 옷을 밟았다. 비록 홍청의 옷이라도 밟아선 안 되거늘 하물며 숙용이겠느냐."

승지 등이 아뢰었다.

"죽어야 할 죄로 죽었는데 어찌 사람들 사이에 말이 있겠습니까." _ 연산 11년(1505) 12월 24일

8-10. 장녹수와 견주어서 지지 않는 전전비

임금이 전교하였다.

"서거정徐居正의 서자 서복경徐福慶은 벼슬길에 나오도록 허락하라."

서복경이 후궁인 전전비에게 금과 비단과 땅 등 많은 뇌물을 주어 벼슬길에 오르는 것을 허락받았다. 서복경은 처음에는 의영고義盈庫 영令 직을 제수받았다가 낙안 군수가 되었다. 이에 사기가 충천하여 지위 높은 사람들을 깔보았다. 무뢰한 무리가 이를 본받아 궁인에게 뇌물을 주고 벼슬을 얻은 자가 많았다. _ **연산 11년(1505) 7월 24일**

임금에게 가장 큰 총애를 받은 것이 숙원 전전비와 소용 장녹수다. 두 후궁은 임금의 뜻을 따르지 않는 게 없었고, 임금도 이 둘이 원하는 것은 뭐든 해주었다. 옥사를 농단하고 벼슬을 팔았으며 남의 재물과 노비와 집을 빼앗는 등 못하는 짓이 없었다. 그리고 조금이라도 자기 뜻에 거슬리면 반드시 복수하니 종실과 외척, 사대부 중에 그들로부터 모욕받지 않은 사람이 없었다. 주인을 배반하고 이익을 노려 두 후궁의 일가라 칭하는 무뢰배가 셀 수 없이 많았다.

또한 두 후궁이 내린 도서圖書나 서찰을 가진 자가 사방에 널렸는데, 이들이 소란을 피우고 수령을 업신여기며 백성들을 못살게 굴었다. 하지만 큰 기세에 눌려서 누구도 저항하지 못하고 빌며 피하기만 했다.

임금이 이 둘을 위해 큰 집을 지을 때 사헌부 관리에게 감독하게 했고, 그 둘이 부모를 보러 갈 때면 승지·주서·재상들을 모두 따라가게 해서 앞에서 인도하고 뒤를 감싸서 마치 왕비의 행차와 같았다. _ 연산 12년(1506) 9월 2일

8-11. 원주의 어린 기생, 월하매

애통한 월하매의 죽음

임금이 전교하였다.

"예비 홍청假興淸이 임시로 머무는 처소에 죽은 궁인이 있다. 승지는 가서 그 시신을 염하고 관에 넣는 일을 살피라. 각 사의 제조 또한 모두 이 일을 맡아 하라. 만약 일을 소홀히 한다면 높은 제조라도 죄를 면치 못할 것이다."

궁인은 원주原州 기생 월하매月下梅이다. 월하매는 음률을 알고 농을 잘하여 임금의 뜻을 잘 맞추었다. 임금은 호방한 월하매를 칭찬하고 크게 사랑했는데, 월하매가 병이 나자 거처를 옮겨 주고 자주 문병하였다.

그러다 이때 월하매가 죽으니 임금이 애도하며 여완麗婉이란 칭호를 주고, 봉상시奉常寺에 명하여 제사를 지내게 하고, 지제교知製敎: 왕에게 교서(敎書) 등의 글을 기초해서 바치는 일을 맡아보던 벼슬에게 제문을 짓게 했다. 그런데 글이 임금의 뜻에 맞지 않자 강혼을 시켜서 다시 짓게 하였다.

임금은 친히 두세 번 제사하며 번번이 통곡하였고 그 부모 형제를 불러 직접 만났다. 또 후원에서 밤에 제를 베풀고, 친히 왕비와 후궁과 흥청을 거느리고 가서 무당의 말을 들으며 비통해했다.

장사 지낼 때 재상들을 모아 제사 지낸 게 한두 번이 아니었다. 궁인의 장례를 맡아보는 추혜서追惠署와 궁인의 신주를 안치한 영혜실永惠室을 설치한 것도 여완에서 비롯되었다. _ 연산 11년(1505) 9월 15일

강을 건너지 마라

임금이 전교하였다.

"이제부터 궁인을 매장할 때는 한강을 건너지 말고 통제구역 안의 길한 땅을 찾아 묻으라. 만약 그 자리에 무덤이 있으면 그 무덤을 옮기게 하라."

이어 임사홍을 보내 여원麗媛*의 장지를 찾아보게 하고, 창릉昌陵: 예종의 묘 근처에 묻었다. 임금이 여완麗婉을 그리워하여 가까운 곳에 묻도록 명했으니, 이는 때 없이 사냥을 즐기면서 월하매의 묘를 보기 위해서다. _ 연산 11년(1505) 9월 28일

* 앞의 기사에서는 여완(麗婉)이라 했는데 이번 기사에서는 여원(麗媛)과 여완(麗婉)이 혼동되어 쓰여 있다. 시기와 내용으로 보아 같은 인물을 뜻하는 것으로 보인다.

임금이 전교하였다.

"죽은 안씨安氏에게 여원의 호를 내리고, 강혼에게 글을 지어 제사하게 하라." _ 연산 11년(1505) 10월 5일

시에 능한 문신을 뽑아서 여원의 죽음을 슬퍼하는 글을 짓게 하였다. _ 연산 11년(1505) 10월 17일

참고자료 | 조선왕조실록 속 관직명

간관諫官 : 사간원(司諫院)과 사헌부(司憲府)에 속하여 임금의 잘못을 간(諫)하고 백관(百官)의 비행을 규탄하던 벼슬아치.

감역관監役官 : 조선 시대 선공감(繕工監)에 두었던 종9품 관직으로, 궁궐과 관청의 건축 및 수리 공사를 감독하였다.

경력經歷 : 종4품 관직으로 조선 초기에는 충훈부(忠勳府)·의빈부(儀賓府)·의금부(義禁府)·개성부(開城府)·강화부(江華府)·오위도총부(五衛都摠府)·중추부(中樞府) 등에서 행정실무를 맡아보았는데, 후기에는 충훈부·의빈부·의금부의 경력은 폐지되고, 오위도총부에는 4명을 증원하고, 강화부와 광주부는 잠시 두었다가 판관으로 바꾸었다.

관찰사觀察使 : 조선 시대 문관의 종2품 외관직(外官職)으로 감사(監司)라고도 한다. 지방의 도(道) 또는 부(府)의 장관으로, 병마절도사(兵馬節度使)·수군절도사(水軍節度使)의 무관직을 거의 겸하고 있었다. 조선 초기에는 안렴사, 관찰사 등의 이름으로 자주 바뀌었다가 세조 때부터 관찰사로 명칭이 굳어졌다. 중앙의 명령을 따라 정사를 시행하였지만, 자기 관하의 수령(守令)을 지휘 감독하며 사실상 경찰·사법·징세권을 행사함으로써 지방행정상 절대적 권력을 가졌다. 관찰사의 관아를 감영(監營)이라고 하며, 일반 민정은 감영에 속한 이(吏)·호(戶)·예(禮)·병(兵)·형(刑)·공(工)의 육방(六

房)에서 행하고, 이를 지방민에서 선출된 향리로 담당하게 하였다.

교리校理 : 집현전(集賢殿)·홍문관(弘文館: 궁중의 경서와 사적의 관리, 문한의 처리 및 왕의 자문에 응하는 일을 맡아보던 관청)·승문원(承文院: 외교문서를 담당한 관청)·교서관(校書館: 경적經籍의 인쇄, 반포 및 제사에 쓰이는 향과 축문에 관한 일 등을 관장) 등에 속하여 문필에 관한 일을 맡아보던 관직으로, 정5품 또는 종5품이었다.

대광보국숭록대부大匡輔國崇祿大夫 : 정1품 문무관(文武官)에게 주던 최고 품계. 정1품의 상계(上階)로서 보국숭록대부(輔國崇祿大夫)보다 상위 자리이다. 1392년(태조 1) 7월 관제를 새로 정할 때 만들어졌으며, 그 처(妻)에게는 정경부인(貞敬夫人)의 작호가 주어졌다.

대사간大司諫 : 사간원의 으뜸 벼슬로 정3품이다. 임금에게 간언하는 일을 맡아보면서, 다른 사람의 상소를 임금에게 올리는 일도 맡았으므로 학식과 경험이 풍부한 사람이 임명되었다. 아래로 사간(司諫: 종3품), 헌납(獻納: 정5품) 각 1인, 정언(正言: 정6품) 2인을 두었다.

대사헌大司憲 : 사헌부의 으뜸 벼슬로 종2품이며, 정원은 1인이다. 현실 정무(政務)를 논평하고, 모든 관료를 규찰하며 풍속을 바로잡고, 외람되고 거짓된 것을 금하는 등의 일을 관장했다. 아래로 집의(執義) 1인, 장령(掌令)과 지평(持平) 각 2인, 감찰(監察) 13인을 감독하고 통솔하였다. 대사헌 이하 집의·장령·지평까지의 사헌부 소속 관원을 통칭 대관(臺官)이라고 하였는데, 모든 대관은 사헌부의 청환직(淸宦職)으로, 문과 급제자 중 청렴 강직하여 시류에 영합하지 않고, 옳다고 믿는 바를 굽히지 않고 직언할 수 있는 인물이어야 하므로, 승문원·성균관(成均館)·홍문관(弘文館) 등을 거친 젊고 기개가 있는 인재들이 임명되었다.

도승지都承旨 : 승정원(承政院)의 으뜸 벼슬. 왕명을 전달하거나 신하들이 왕에게 올리는 글을 상달하는 일을 맡아보았다.

동지사同知事 : 조선 시대 돈령부(敦寧府: 조선시대 종친부에 속하지 않은 종친과 외척을 위해 설치되었던 관서)·중추부·의금부(義禁府)·경연청(經筵廳)·성균관·춘추관(春秋館) 등에서 지사(知事)의 보좌역을 맡았던 종2품 관직.

봉교奉敎 : 예문관(藝文館)에 두었던 정7품 관직. 봉교 이하 검열(檢閱)까지를 통칭하여 한림(翰林)이라 하였다.

빈객賓客 : 세자의 교육을 담당하던 세자시강원 소속의 정2품 관직. 정원은 2인으로, 좌빈객과 우빈객 각 1인이 있었으며, 겸관(兼官)이었다.

사직司直 : 오위(五衛)에 두었던 정5품 서반 무관직. 봉급을 지급하기 위하여 임명한 관직으로 실무는 없었다.

승지承旨 : 승정원의 정3품 관직. 도승지(都承旨)·좌승지(左承旨)·우승지(右承旨)·좌부승지(左副承旨)·우부승지(右副承旨)·동부승지(同副承旨) 등 여섯 승지를 말하며, 왕명의 출납을 담당하였다. 태종 원년(1401)에 대언(代言)으로 명칭을 바꿨다가 후에 다시 승지로 고쳤다.

시독관侍讀官 : 경연청(經筵廳)에 두었던 정5품 관직으로 임금에게 경서(經書)를 강의하였다. 홍문관(弘文館)의 교리(校理)와 부교리(副校理)가 겸직하였다.

영사領事: 삼사(三司), 돈령부(敦寧府), 경연청, 집현전(集賢殿), 홍문관, 예문관(藝文館), 춘추관(春秋館), 중추부(中樞府) 등의 으뜸 벼슬.

영춘추관사領春秋館事 : 고려·조선시대 춘추관에 두었던 정1품 관직으로, 영관사(領館事) 또는 영사(領事)라고도 함. 영의정이 겸임하였다.

원상院相 : 국왕이 병이 났거나 어린 왕이 즉위하는 등 정상적인 국정(國政) 수행이 어려울 때 승정원에 나와 왕을 보좌하고 육조를 통할했던 임시 관직으로 원임(原任)·시임(時任)의 재상들로 구성되었다.

응교應教 : 홍문관과 예문관의 정4품 관직. 학문 연구와 임금이 훈유하는 명령글을 짓는 일이 주된 직무였고, 경연관(經筵官)의 일원이 되기도 하였다.

장령掌令 : 사헌부의 정4품 관직. 장령을 포함한 대간은 사헌부의 기간요원이기 때문에 그 직무가 막중하였으므로 소신을 굽히지 않고 직언할 수 있는 강직한 젊은 엘리트들이 임명되었다.

전랑銓郎 : 조선 시대 문무관의 인사행정을 담당하던 이조와 병조의 정5품관인 정랑과 정6품관인 좌랑직의 통칭. 특히 여론 기관인 삼사의 관리를 임명하고 자신의 후임을 추천할 수 있었던 이조전랑이 중시되었다.

정언正言 : 사간원의 정6품 관직. 간관으로서 국왕에 대한 간쟁(諫諍)과 봉박(封駁: 임금에게 글을 올려 일의 옳지 아니함을 논박함)을 담당했다. 그러나 실제

임무는 훨씬 폭이 넓어서, 사간원의 다른 관료 및 사헌부·홍문관의 관료와 함께 간쟁·탄핵·인사 등에 대한 언론과 경연·서연(書筵)의 참여 및 인사 문제와 법률 제정에 대한 서경권(署經權), 국문(鞫問) 및 결송(決訟) 등에 참여하였다.

좌대언左代言 : 조선 초기 승추부(承樞府)와 승정원(承政院)의 정3품 관직. 왕명의 출납을 맡아 보았다.(→승지 참조)

좌랑佐郞 : 육조(六曹)의 정6품 관직으로 정랑(正郞) 다음 직급이었으며, 중견행정 실무자들이었다.

주서注書 : 승정원의 정7품 관직으로, 특히 『승정원일기』의 기록을 담당하였다.

지사知事 : 돈령부·의금부(義禁府)·경연청·성균관(成均館)·춘추관·중추부·훈련원(訓鍊院)의 종2품 벼슬로, 모두 겸직이었다.

지사간원사知司諫院事: 사간원에 소속된 종3품 관직. 태종 원년(1401)에 문하부낭사(門下府郎舍)가 사간원으로 독립되면서 직문하(直門下)가 지사간원사로 명칭이 바뀌었다가 세조 12년(1466)에 사간(司諫)으로 개칭하면서 폐지되었다. 법제적으로는 사간원 본래의 업무인 간쟁과 봉박, 서경 등의 일을 맡아보도록 되어 있었으나 실제로는 사헌부와 집현전의 관원들과 함께 언관(言官)으로서 필요에 따라 광범위한 임무들을 수행했다.

지신사知申事 : 왕명의 출납을 담당하던 승추부(承樞府)와 승정원의 최고위 관직인 정3품 도승지의 별칭이다.

지중추원사知中樞院事 : 조선 초기 궁궐을 수비하며 군사 기밀을 전달하는 등 군사 관계를 맡았던 중추원의 종2품 관직.

지춘추관사知春秋館事 : 춘추관의 차관급 관직으로, 좌의정과 우의정이 겸임하였다.

지평持平 : 사헌부의 정5품 관직. 백관의 비위 사실에 대한 탄핵권과 인사 및 법률 개편의 동의 혹은 거부에 관한 서경권을 가지고 있었다. 때문에 지평은 이조전랑(吏曹銓郞)과 함께 대표적인 청요직(淸要職: 청빈함이 요구되는 직책)으로 인식되었다.

집의執義 : 사헌부의 종3품 관직. 대사헌(大司憲) 이하 장령(掌令)과 지평(持平)까지의 다른 사헌부 관원과 함께 통칭 대관(臺官)이라 불렸다.

찬성사贊成事 : 고려 후기 첨의부(僉議府)의 정2품 관직으로, 조선 건국 직후인 1392년에는 문하부의 종1품 관직으로 시랑찬성사와 찬성사가 1인씩 두어졌는데, 이후 1414년(태종 14)에 동판의정부사(同判議政府事)로 개칭되고 같은 해에 다시 좌참찬·우참찬으로 바뀌었다가 다음해에 좌참찬은 찬성으로, 우참찬은 참찬으로 개편되었다.

참의參議 : 조선 시대 육조(六曹)에 소속된 정3품 당상관(堂上官)으로 정원은 각 1인씩 총 6명이다. 참판(參判) 다음 직책으로 각 조의 참판과 함께 판서를 보좌하면서도 판서와 대등한 발언권을 지니고 있었다.

판교判校 : 외교문서에 관한 일을 맡아보던 승문원(承文院)과 경서(經書)의 인쇄 및 발행을 맡아 보던 교서관(校書館)에 각각 두었던 정3품 관리.

판서判書 : 육조(六曹)의 장관으로 정2품 관직이다. 1405년(태종 5)에 설치하여 1894년(고종 31)에 폐지되었다. 개국 초에는 전서(典書)로서 지위가 낮아 정치에 깊이 참여하지 못하였기 때문에 1405년(태종 5)에 판서로 고치고 품계도 정2품으로 올려 의정부에서 관장하고 있던 실권도 물려받았다. 지방행정·군정·외교 등을 위한 도순문사(都巡問使)·도순찰사(都巡察使)와 중국에 파견되는 각종 사신 및 중국의 칙사를 위한 각종의 지대사(支待使) 등에 차출되었다.

헌납獻納 : 사간원의 정5품 벼슬. 여타의 사간원·사헌부·홍문관 관원과 함께 각종 언론활동을 전개하였다.